Inès Somakpo

De la brousse à la gloire

Inès Somakpo

De la brousse à la gloire

Éditions Muse

Cover image: www.ingimage.com

Publisher:
Éditions Muse
is a trademark of
Dodo Books Indian Ocean Ltd. and OmniScriptum S.R.L publishing group

120 High Road, East Finchley, London, N2 9ED, United Kingdom
Str. Armeneasca 28/1, office 1, Chisinau MD-2012, Republic of Moldova, Europe
Printed at: see last page
ISBN: 978-620-4-96251-1

DE LA BROUSSE A LA GLOIRE

Autrefois dans un village lointain, vivait une colonie de chasseurs. Leur habileté ainsi que la souplesse de leur corps gracieux étaient reconnus à travers les butins que chaque père de famille rapportait au bercail. Quelques commerçants y passaient souvent le chemin pour y accéder à la frontière du pays pour joindre l'aurore voisine. Des citadins, quelque fois passaient en saisonnières visités leurs amis ou parents dans les villages voisins tout en traversant le petit village de paix. De petits enfants avec des cris tumultueux de joie accueillaient chaque jour leurs pères avec de gros lièvres ou d'autres animaux. Tout le monde reconnaissait ses cris retentissant. Mêmes les passants de loin se faisaient déjà l'idée de cette chasse fructueuse.

Chaque cabane se situait à une distance raisonnable de l'autre. Dans ce village vivait une petite famille sans enfant. Akim et Anita se fut marié il y a plus de trois ans. Tout le monde était fier de ce couple car ils étaient des travailleurs infatigables dotés d'une bravoure sans pareille.

Un jour, Akim alla chassés avec trois de ses amis dans l'une des plus grandes brousses de la région. Partis pour trois jours, ils se chuchotaient la joie d'être loin des pattes de leurs épouses qui se montraient parfois grincheuse et insupportable. Ils discutaient entre homme de tout et de rien. Akim, quant à lui parait indifférent à leurs conversations.

-Tu n'as pas l'air d'être dans ta marmite. Que se passe-t-il ? Demanda Tassiba

-Un problème avec ton épouse ? Questionna à son tour Fifoui

-Veux-tu la renvoyer ? Lança Zéro comme pour dire au moins quelque chose

-Arrêter de vous poser des questions stupides. Je vais bien et ma femme ne me pose aucun problème. Je préfère même resté à ses côtés que d'être ici à surprendre une bête pendant sa sieste.

-Alors dis-nous pourquoi tu restes silencieux à nos propos ?

-J'essaie de me concentrer sur la chasse. Mais si cela peut vous consoler je m'en veux de ne pas pouvoir donner un enfant à ma femme. Depuis près de cinq ans maintenant qu'on est ensemble, elle n'est jamais tombée enceinte, même pas une fausse couche.

-C'est vrai, ça craint, répliqua Fifoui

-ça viendra frère. Dieu à toujours le dernier mot. Ajouta Tassiba

-Moi je connais un bon et excellent guérisseur, qui peut vous aider à avoir un enfant dans deux jours, apostropha Zéro

-On parle au sérieux Zéro. Pourquoi as-tu toujours l'air et la bouche divaguant ? Ne l'écoute pas Akim

Dans la soirée, après s'être trouvé un abri pour la nuit, ils firent le feu et d'un bond se mirent à griller l'écureuil qu'ils aient rabroué et raccourci à l'aide de leur machette à scie.

Une fois cuis à leur manière, ils enfoncèrent leur dent chacun dans sa part. Akim fis sortis la boule de pâte de farine que lui avais remis sa femme et se mis à en manger avec sa part de l'écureuil.

Le repas avalé, chacun se mis sous sa couette et essaya de retrouver le sommeil.

Dans la nuit, Tassiba et Zéro ronflaient de bond. Akim après de longues heures d'attente, réussit à s'endormir. Mais vite il se mit sur son séant lorsqu'il sentit la présence d'un être vivant. Il se mit à regarder tout autour de lui comme un guetteur. Tout à coup, une silhouette surgit des buissons et se jeta à ses pieds. Elle gisait dans un bain de sang. Son inquiétude brusque terminé, il alla réveiller ses amis, dormant toujours à la chaleur que leur procurait leur couverture en laine.

-Qui-a-t-il cher ami ? S'efforça de prononcer Fifoui baillant de sommeil

Akim lui fis signe de la fermer. Il se leva et le suivit.

Quelques secondes et ils étaient tous regroupés autour de l'inconnu.

-Que cherchez-vous ici toute seule dans une telle forêt et que vous est-il arrivé ?

Elle ne parlait pas. Elle se contentait de grincer des dents de douleur. Les trois amis essayèrent d'adopter de nouveaux moyens pour la faire parler. Elle enleva son pagne et le jeta à terre. Un bébé se vit à découvert dans ses bras ruisselant de sang.

Akim se dépêcha de lui ôter le bébé. Il alla le déposer dans son abri et revint vers la pauvre dame. Fifoui alla prendre son sac pour trouver quelques plantes médicinales pour calmer l'hémorragie.

-Il faudrait qu'on sache la source de sa blessure, sinon, on ne pourra pas vraiment l'aider, annonça Fifoui, connaissant assez bien en plantes médicinales vu qu'il avait grandi sous le toit d'un guérisseur.

Akim s'approcha de la dame

-Nous avons besoin que vous parliez pour vous aider.

Elle mit sa main à une partie de son ventre, d'où provenait l'écoulement abondant du sang. Akim plia la chemise qu'elle portait afin de voir de quoi il s'agissait.

-Nous avons un gros problème, apostropha Zéro en voyant la plaie

-Quel genre de problème Zézé ? Lui demanda Akim ébahis

-Elle s'est fait tiré dessus non pas avec un fusil comme les nôtres mais avec un pistolet, à gros calibre. Et selon mes informations et expériences, si on ne se dépêche pas de la lui enlever et stoppé l'hémorragie, elle rejoindra ses ancêtres.

Ils ne savaient quoi faire pour aider la pauvre dame en douleur, vu qu'aucun d'eux n'avaient de l'expérience en la médecine moderne. Fifoui se dépêcha de casser deux petites branches d'un arbuste. A l'aide de sa lame, Akim tailla le bout de chaque branche. Ensuite, il fit une incision dans la plaie avant d'enfoncer les branches taillées à son intérieur pour retirer la balle.

-Elle est sauvée ! Exclama Tassiba lorsqu'Akim leur montra la balle

-Pas encore, il faut arrêter l'hémorragie, annonça Zéro

Fifoui appliqua rapidement ses portions sur la plaie et lui ordonna de mâcher la feuille de tabac qu'il lui a remis. Lorsqu'ils épuisèrent leurs méthodes pour infirmier, ils allèrent s'asseoir au loin quand la jeune dame se stabilise.

Assise et adossés à un arbre, ils furent projetés dans un léger sommeil sous l'effet du léger vent qui soufflait. A l'aube, Akim, se mit à ranger ses affaires pour reprendre le chemin avec ses compagnons.

-Elle n'est toujours pas réveillé l'inconnue, informa Zéro

Il alla la réveiller mais en vain.

-Elle ne se réveille pas Tassiba. Annonça Akim tout effrayé

Fifoui courut dans leur direction. De sa main toute boudinée, il essaya de vérifier le pouls de la jeune dame dressé à terre.

-Il n'y à plus rien à en tirer ! Exclama-t-il

Elle était passée de vie à trépas.

-Qu'allons-nous faire du bébé ? Questionna Akim

-Laissons-le près de sa défunte mère. Moi je ne peux pas le prendre. Dis Zéro

-Tu as toujours des pensées désuètes mais là tu n'as pas complètement tord. Répliqua Fifoui

-J'aurais aimé moi, mais ma femme me découpera en morceau et me donnera à manger à nos chiens

Akim était silencieux et pensif. Abandonné un être humain sans défense dans une forêt, est-ce juste ? Se demandait-il. Tout cela est un œuvre de Dieu, pensa-t-il. Je recherche un enfant depuis des années et maintenant, laisserai-je une vie humaine en brousse contre une partie de chasse ? Mieux vaut mourir immédiatement que de vivre avec immoralité. Se dit-il

D'un coup, il se leva, prit le bébé et le mit dans son sac. Il laissa ce dernier ouvert afin de laisser l'air entré.

-Mais que fais-tu Akim ? Questionnèrent les trois amis

-J'emporte ce bébé, ne le voyez-vous pas ?

-Et que vas-tu lui donner à manger, ce nourrisson ?

-Je verrai bien mais je ne pourrai plus vous suivre. Il me faudra rebrousser chemin pour ma demeure. Avait-il répondu

-Alors là, on te suit. Lança Tassiba

- Ce ne serait pas justes de rentrer auprès de vos femmes sans rien du tout. Vous risquez d'avoir la tête basse devant elles. Vous pouvez continuer ce voyage qui s'annonce meilleur, je rentrerai tout seul

-Pas question Akim. On a quitté le village ensemble, on rentrera ensemble

Submergé par tout un tas d'argument de la part de ses compagnons, il les laissa rentrer avec lui.

Une fois au village, il remercia ses compagnons et se sépara d'eux pour entrer dans sa demeure. Il vit la porte de la cabane grandement ouverte. Nulle présence de son épouse. Il se dépêcha d'entrer dans la concession.

-Anita, Anita

La pauvre dame ne répondait pas. Il courut et plongea dans la chambre à coucher.

Anita était étalée à terre, son inhalateur à porter de main. Il se mit à la secouer mais ce terrible mal lui avait déjà ôté la vie. Il ne savait où donner la tête. Un enfant à sa disposition, sa femme morte. Que va-t-il faire ?

Il se voyait frappé durement par le destin. Malgré son malheur, il se gardait de proférer des injures à l'encontre de la nature.

Une vie de perdue, une vie de retrouvée. Il se résigna à prendre soin de sa nourrisse,

*   *

*

Linda grandissait peu à peu. Elle était une toute petite fille charmante, intelligente mais maigre car Akim ne disposait pas d'assez de moyen et de quoi vivre pour bien s'occuper d'elle.

Chaque jour Linda chargeait sa petite bassine sur la tête et suivait son père pour la rivière, qui se trouvait à des kilomètres de leur cabane. Ils s'y rendaient à pieds malgré la distance qui se faisait très longue. Cela devenait fatiguant à la fois pour la petite et son père mais ils s'y faisaient. Ils restaient parfois sans se laver pendant des jours. Et en cela, elle se faisait injuriée par les voisins.

Elle aimait son père et ne se séparait jamais de lui. Toujours entrain de bavarder, elle appréciait plus que tout, les conseils et les histoires de son père.

Un de ces jours, marchant derrière son pauvre père, elle se mit à jaser comme toujours jusqu'à aborder un sujet délicat.

-Papa, pourquoi ces prénoms pour moi? Je les trouve un peu bizarre. Dit-elle

-Je sais ma fille. C'est pourquoi je t'ai donné un prénom moderne, Linda. Mais je préfère t'appeler Gbèwè ou Tchébou.

-Et pourquoi ? Questionna la petite toute curieuse

-Comme je te l'avais raconté, je t'ai retrouvé en brousse avec ta mère qui est morte à cause d'une blessure à balle. Commença-t-il. Ce jour là, je me suis senti vivre parce que je t'ai rencontré toi. Je ne savais si j'aurai un enfant. Alors après que ta mère soit morte, je décidai de prendre soin de toi en t'amenant chez moi auprès de ma femme. D'où Gbèwè, puisque c'est de l'œuvre de Dieu que je t'ai toi.

Tchébou, parce qu'une fois qu'on est rentrée à la maison, je retrouvai ma femme non pas en vie mais déjà avec ses ancêtres.

-C'est ma faute ?

-Non Linda, c'est l'œuvre de Dieu. Alors ne pense jamais que tu es responsable de ce qui est arrivé. Dieu décide de tout dans notre vie. Si non pourquoi a-t-il choisi que ta mère nous rencontre, mes amis et moi. Le plan de Dieu est insaisissable. On ne peut le cerner avec certitude ma fille.

-Si seulement je pourrais la voir

-Ce n'est plus possible dans ce monde mais peut être dans le monde à venir. Tu te souviens de ce que je t'ai dis concernant cela ?

-Oui papa

-Alors tâche de ne pas l'oublier. Et peu importe les difficultés que tu rencontreras dans la vie avec ou sans moi, n'oublie jamais que ce qui a un début aura toujours une fin.

-Compris père

Ils continuèrent leur discussion jusqu'à la rivière prendre l'eau pour la maison.

Sur le chemin de retour, ils marchèrent lentement, Linda devant son père. Tout à coup, elle s'arrêta et commença à renifler tout autour d'elle.

-Qui a-t-il ? Pourquoi t'arrêtes-tu ? Lui demanda son père

-Il y a un animal dans les parages. Répondit-elle

-En es-tu sûr ?

Elle acquiesça de la tête pour affirmer l'existence d'une proie. Akim fit descendre le bidon qu'il avait chargé sur la tête et d'un geste tendit son arc. Linda reniflait toujours afin d'indiquer le sens d'où provenait l'odeur. Son père la suivit à califourchon. Lorsqu'elle aperçut l'animal, broutant l'herbe près de la montagne, elle fit signe de main à son père. Ce dernier dressa et tendit son arc droit sur le pauvre gibier. D'un « pan », voilà l'animal à terre. Il courut le chercher

-Bien visé père, vous êtes un bon tireur

-Et toi tu es une bonne chasseuse

-Mais je ne sais pas tirer et je ne suis jamais allée chasser seule

-Savoir bien tiré ne fais pas un bon chasseur. Avoir la capacité de sentir de loin la présence de tout être vivant et le discerner fais un bon meilleur chasseur. Et toi, Linda, tu en es une.

-Je suis donc une amazone chasseuse

-Pas si vite gamine, tu dois apprendre deux ou trois choses en matière de chasse.

-Et comment ? Vous ne me laissez jamais le faire seule.

-Je n'ai pas envie de perdre la seule personne que j'ai dans ma vie. Mais je n'ai plus trop le choix puisque je vieillis.

-Wesh

-Wesh, wesh, un jour tu seras comme moi. Tu ne sais rien encore. Demain tu iras chassés seule avec ton grand nez développé.

Elle n'en trouvait aucun obstacle, au contraire, elle attendait depuis longtemps ce moment.

Dix ans plus tard, la vie était devenue encore plus difficile à Linda et Akim car non seulement, il ne pouvait plus chasser comme d'habitude à cause de sa santé qui s'appauvrissait mais aussi parce que la chasse ne se montrait plus vraiment fructueuse comme jadis.

Malgré toutes ses difficultés, Linda demeura assez forte et faisait le boulot de son père en allant à la chasse seule afin de rapporter de quoi manger. Elle était très agile, habile et se dévouait comme un garçon acharné. Des années passaient et un jour Akim mourût. C'était comme si le monde entier lui était tombé dessus. Elle savait depuis longtemps que ce fameux jour viendrait mais elle s'en doutait qu'il serait aussi proche. Ce jour lui était tellement long, rude et violent. Elle n'avait ses yeux que pour pleurer la seule personne qui la connaissait. C'était à la fois son sauveur, son héros et son père. Avec l'aide de quelques voisins, elle réussit à mettre son père à terre dans l'espérance de le revoir un jour dans le monde à venir. Car croyant fermement à la résurrection, un thème que lui avait enseigné son défunt père parmi tant d'autres, elle espérait le revoir un jour dans l'autre monde.

Chaque jour et chaque nuit, elle se posait une et une seule question, « que vais-je devenir ? ». Elle n'avait de réponse à sa question mais s'obligeait à vivre de jour en jour et d'embrasser ce que lui accorde la vie à son réveil.

Assise sur son tabouret devant la cabane, son père s'approcha d'elle avec un gros gibier.

-Papa ?

-Linda, ma fille. Regarde ce que j'ai rapporté de la chasse.

-Un très gros gibier, père

-Exact. Mais il n'y en a plus dans les forêts. Tout ce qui reste ce sont les petites bêtes sauvages, et les animaux domestiques qui se sont égarés sur le chemin. Ne devient pas comme eux.

-Je ne comprends rien père

-Pars de ce village. Cherche le chemin pour le village voisin. La vie ne serait pas si facile mais elle ne sera pas plus pénible.

-Je ne connais personne

-Tu connaitras des gens. Maintenant va-t-en de ce village avant que ce ne soit trop tard.

Il déposa l'animal dans le panier près d'elle. Il tourna ses talons et rebroussa chemin. Tout en regardant derrière après chaque pas, il quitta la concession sous le brouillard de l'harmattan.

-Papa, papa, attends-moi, attends-moi je viens

Elle se réveilla brusquement et se rendit compte que tout cela n'était qu'un rêve.

-Et si je m'en allais vraiment ? Que va-t-il m'arrivé dans ce village ? Est-ce que je pourrai avoir une vie vraiment différente et meilleure que celle que je vis à présent ?

Elle se posait mille et une questions. Elle se recoucha mais ne retrouva plus le sommeil.

A l'aube, elle analysa longuement en silence ce rêve et se décida de quitter le village. « Personne ne connait l'avenir et qui ne se jette pas à l'eau ne saura si elle est fraîche ou chaude», aurait dis Akim avec optimisme, comme si le danger de vivre la misère ne l'effraie nullement.

Elle prit alors ses quelques vêtements, quelques nourritures avec ses objets de chasse et s'en alla. Elle fit deux jours, deux nuits sans rencontrés d'hommes, elle passait de brousse en brousse, de forêts en forêts et se nourrissait de petits animaux tout comme d'habitude. Malgré tout ce calvaire, elle ne cessa d'avancer et de prier. La nuit, elle se cachait dans les buissons pour se reposer. Le jour, elle reprenait sa marche. Le troisième jour, elle réussit à regagner le village qui s'animait de folie. C'était un magnifique et superbe village. Enfin, se dit-elle en soupirant de joie.

Il faisait nuit déjà. Les commerçantes regagnaient leur maison en abandonnant leur étagère sous les hangars. Elle essaya de se trouver une place sous un hangar à l'abri des regards. Tôt le matin, elle se fait réveillée par le chant des coqs et quitta immédiatement son refuge. Elle commençait à errer partout dans le village. Le visage creux, les sens agités, elle ne passait pas inaperçu pour autant. Epuisé par la faim, elle échangea son arc contre dix pièces de cent francs. Lorsqu'elle reçu l'argent, tout son être fut submergé d'une joie inestimable. Elle s'acheta quelques beignets, qu'elle grignota assis sous un arbre à califourchon du cours d'eau du village. Le ventre remplit, elle était alors prête à nettoyer son corps. Discrètement, elle prit un seau posé derrière l'étagère d'une vendeuse et alla se prendre une douche avec. Une fois terminée, elle revint le mettre à la place qu'elle l'avait trouvé.

Le soir venu, elle alla se coucher sous son hangar. Cela se répétait chaque soir. Pendant la journée, elle allait au marché aidé les dames à garder leurs sacs pour une petite récompense. Elle eut l'idée de recommencer à chasser et à vendre ses butins au plus offrant. Elle se mit alors à guetter et à surprendre les bestioles, écureuil, gibier, rat géant et autres dans leurs siestes. Elle les ramenait au village et assis à terre à un endroit, elle les étala sur un vieux sac de maïs. Ceux qui aimaient les produits frais de chasse, s'y hasardait à en acheter pour leur famille. Elle vendait de belles ses produits. Elle n'en réservait aucune part pour elle. Elle se contentait juste de vendre, de gagner son argent pour s'acheter de quoi manger.

La petite vendeuse de bestiole gagnait son pain quotidien. Elle n'en était pas très heureuse mais elle réussissait à vivre honnêtement. Quelques jeunes garçons, impressionnés par son talent et son charisme, l'invita à les aider dans son processus pour chasser. Elle leur apprit sa technique et la mèche fut vendue. Ils lui avaient retiré son marché, son gagne pain. Elle ne trouvait plus d'écureuil, ni de rat géant.

La famine était au rendez-vous dans son quotidien, jusqu'au jour où elle trouva un endroit pour vendre de l'eau glacée. C'était tout sauf déplorable. Un beau jour, qui s'est montré malheureux, elle se fit chassé par la gérante de la boutique pour avoir bu un sachet d'eau qu'elle était censée vendre pour éteindre sa grande soif.

Elle se retrouva de nouveau à la grande misère. Plus d'argent pour s'acheter à manger. Plus rien, à par la faim qui la rongeait. Un soir, elle se coucha comme d'habitude sous le hangar. Epuisé par son ventre creux, elle n'entendit point le chant du coq pour quitter les lieux. Assika, la jeune dame à qui appartenait le hangar la surpris au petit matin dans son sommeil enveloppé par les sacs de maïs vide.

-Mais que fais-tu là jeune fille ? Lui posa-t-elle la question

Elle se réveilla et avec plainte commençait à s'excuser en se mettant sur ses genoux.

-Relève-toi, je ne veux rien te faire. Je t'ai juste demandé ce que tu faisais là sous mon hangar

-Je n'ai pas d'abri donc je dors sous votre hangar les soirs à la tombée de la nuit.

-D'où viens-tu et où sont tes parents ?

-Je viens du village voisin. Ma mère est morte depuis mon enfance et mon père l'a rejoignis il y a quelques temps.

Prise de compassion, elle la laissa resté avec elle toute la journée. Elle la nourrit et la laissa lui venir en aide. Le soir, Linda l'aida à ranger ses effets convenablement.

-Tiens, c'est pour que tu t'achètes de quoi manger pour la soirée. J'aurais bien voulu te conduire chez moi mais je ne pourrais. Alors, tu peux dormi là comme d'habitude. Demain je veillerai à te trouver un endroit où logé.

-Merci maman

Le lendemain matin, très tôt, elle se réveilla, prit un balai disposé dans un coin de l'espace et se mit à mettre au propre son habitat.

La jeune dame vint plus tard et commença à étaler ses marchandises.

-Jeune fille, comment pourrais-je t'appeler ? Questionna Assika, s'imaginant un prénom pour elle

-Linda, on m'appelle Linda

-Waouh, un si beau prénom pour une fille comme toi. Ton père doit être un grand séducteur celui là.

Elles discutaient tout en rangeant selon l'ordre requis les produits sur les étagères. Assika l'informa qu'elle lui a trouvé une maison où habitée, mais qu'il lui faudra bosser pour le propriétaire comme domestique.

-Je l'accepte avec joie, avait-elle exclamé

-C'est parfait, répliqua Assika satisfaite de la réponse de la pauvre fille.

Une fois la nuit tombée, elle l'accompagna dans la maison où elle devrait se faire domestique.

-La voici, fit comprendre Assika

-Linda, c'est bien ça votre prénom j'espère. Demanda la maîtresse de maison s'adressant à la petite

Elle acquiesça de la tête.

-Tu n'es pas sourde à ce qu'on m'a dit alors parle non pas avec des signes mais avec des mots en te servant de ta bouche

-D'accord maman

-Reste sage, jeune fille, recommanda Assika qui sortit de la concession.

Maman Jacki, la maîtresse de maison, fais visité la demeure à sa domestique et lui montra l'endroit où elle devrait dormir. C'était un petit couloir. Cinq personnes pouvaient à peine se tenir debout à cet endroit. Même sous le hangar d'Assika, il y avait plus d'espace. Linda semblait apprécier son nouvel habitat à sa juste valeur. Elle s'acharnait à indiquer les règles à respecter à Linda, quand Jacki en pleure vint vers elle.

-ça c'est mon petit garçon. Dit-elle à Linda.

-Qui-a-t-il ? Demanda-t-elle s'adressant au gosse

Le petit lui montra son ventre qui témoignait du creux qui en était enfoui.

-Suis-moi Linda.

Cette dernière la suivit jusque dans la cuisine. Il y avait une marmite sur le feu.

-Prends le riz qui se trouve dans cette petite bassine et met-le à la cuisson. Lui ordonna-t-elle

Une fois finie sa phrase, elle prit Jacki et se dirigea dans le salon.

-Si tu finis, viens m'appeler. Cria-t-elle vers elle

Linda se précipita de chercher de l'eau dans le tonneau disposé juste près de la porte du couloir menant à l'arrière cour. Elle en mit une quantité raisonnable sur le riz, le lava proprement. Elle reprit le même processus trois fois avant de l'étrenné de l'eau pour l'eau bouillante déjà au feu.

Après l'avoir remué correctement, elle alla dans le salon en informer sa maîtresse.

-Maman c'est fait

-Prends ces condiments pour la sauce.

Linda se dépêcha de prendre le bol et retourna dans la cuisine pour écraser les condiments.

Quelques minutes après, elle finit d'écraser et le riz était déjà cuit.

A l'aide d'un torchon, elle dégagea le foyer de la marmite et y posa la casserole pour la sauce.

Il sonnait vingt et une heure en ce moment. Lorsqu'elle finit, elle alla informer la maîtresse de maison qui vint servir le repas.

-Vas-y Linda, sers-toi

-Mais maman

-Prends une assiette et sers-toi de la quantité qui te suffira.

Elle obéit en prenant une quantité raisonnable. Mais la dame semblait irritée par son geste. Cette dernière enfonça la louche dans la marmite de riz et en prit un tas, qu'elle renversa dans son plat en ajoutant la sauce.

-Maintenant va manger et bon appétit.

Elle la remercia et se dirigea dans son enclos pour y manger. Lorsqu'elle eut fini, elle s'assoupit au sol et se fut emporté par le sommeil.

A l'aube, elle se réveilla, mit au propre la maisonnée, de son enclos au garage et du salon à la cuisine. Elle fit ensuite les quelques travaux de ménages que lui ait confié maman Jacki. Ce fut ainsi tous les jours.

Elle s'habitua très vite à sa nouvelle maman et à sa famille. Elle était juste contente de son appartenance à cette famille.

Jacki et ses deux sœurs l'aimaient beaucoup. Lorsqu'elle n'avait pas de travail à faire, elle s'amusait avec eux. Maman Jacki n'en trouvait aucune inconvénient vu que Linda était non seulement aussi une enfant mais aussi parce qu'elle possédait des règles d'art. Elle savait quand s'amuser et quand se remettre au boulot. Elle était à leur vue vaillante, humble, sans crainte et n'avait peur de grande chose puisqu'elle avait l'esprit de cohabitation et de chasse.

Un des soirs comme d'habitude, lorsqu'elle finit de faire la cuisine, elle se servit et se dirigea dans sa demeure.

-Linda, reviens ici

Elle revint sur ses pas. Elle avait peur qu'elle ne lui fasse des reproches ardents.

-Oui maman

-Tu peux rester ici pour manger. Tu es de la famille maintenant.

Elle s'asseyait et pour sa première fois, elle regarda la télévision. Elle était submergée de joie. Elle frémissait de tout ses sens lorsqu'elle voyait des évènements tragiques.

Après le repas, elle obtint la faveur de sa maîtresse pour dormir dans la chambre d'ami. C'était une très belle chambre. Cent fois plus grande que son enclos. Il y avait un petit lit au fond de la pièce à côté duquel il y avait une table de chevet, un pot de fleur à l'autre bout. Il y avait également quelques instruments de musique qui errait à une partie de la chambre. Elle les jouait parfois sous l'autorisation de ses nouveaux parents en compagnie de ses frères. Jacki se mettait parfois à chanter lorsqu'il écoutait la mélodie que reflétait la manipulation de ses objets. Avec eux, elle composa une belle mélodie qu'elle fredonnait parfois avec joie.

Elle était devenue une spécialiste joueuse d'instruments à corde. Quelques temps après, elle se mit à réfléchir sur un métier qu'elle pourrait exercer du moment où elle ne pratiquait plus la chasse.

Un beau soir, elle se rapprocha de sa maîtresse et demanda son accord pour faire le commerce.

-C'est une bonne idée Linda. Mais est-ce que tu pourrais vraiment faire une telle chose ? Et à qui vais-je confiés les enfants si tu passes tout le temps pour la vente de tes produits

-Donnons-la sa chance, argumenta papa Jacki

Elle accepta vu que Linda était d'une aide favorable et une personne digne de confiance et de gaieté. Elle lui remit un peu de sous pour l'achat de ses marchandises.

Elle débuta son commerce à partir de la vente de sandalettes et de bijoux. Elle n'en savait pas grand-chose mais se démarquait de la concurrence avec sa courtoisie, sa gentillesse et sa noblesse à l'égard de tous. Elle se fut surnommé « sandalette à bon prix », car c'était son slogan pour faire éveiller la conscience des passants à jeter un coup d'œil vers elle et à admirer sa marchandise pour s'en offrir.

Elle avait retrouvée son esprit perdu. Elle riait chaque fois et rigolait avec les petits enfants. Elle ne manquait un instant pour sourire. Elle était aimée de tous car elle faisait la fierté dans sa famille d'accueil et dans tout le village.

Plus tard, elle se spécialisa dans la vente des pagnes de valeur et de bonne marque. Elle en achetait de quantité raisonnable qu'elle ajoutât à ses sandalettes. Elle s'assurait de la concordance des pagnes avec la plupart des chaussures. Par cette stratégie, elle s'efforçait de convaincre les clients à en faire tout un complet. Elle s'associa avec une habile couturière de son point de vente, pour faciliter la tâche à ses clients et leur donner le parchemin de confiance absolue.

*   *

*

Linda était devenue une commerçante agrée de pagne de luxe même en vivant chez maman Jacki comme domestique. Elle était devenue encore plus belle et attirante. Elle apprit avec l'aide de Bruno, un jeune garçon du village, à lire et à écrire. Beaucoup d'hommes l'aimait et la contemplait de par sa beauté et sa vaillance.

Chaque année, le petit village subissait un trouble qui faisait tanguer la quiétude de tous. Il y avait un groupe d'hommes qui venait piller les habitants. Ils dévalisaient leur abri, prenaient tout ce qu'il y avait de valeur. A l'approche de ces jours sombres, chaque villageois se mobilisait pour cacher leurs objets de valeurs, bijoux, pagnes, sac de marque. Cette année-là, ils détalèrent sans que le moment ne soit venu.

Linda avait déjà rejoignis sa boutique. Tout à coup, les enfants commencèrent à pousser des cris tumultueux de panique. Ils couinaient dans tous les sens. Les femmes étaient frappées de stupeur. Debout, elles étaient sans force. Les quelques braves et courageux hommes qui osaient prendre la défense se voyaient roulés à terre à coup de pied. En parcourant la région, ils tombèrent sur la boutique de Linda qui brillait de mille feux.

-Regarde-moi cette merveille, exclama l'un d'eux.

Ils foncèrent droit sur cette dernière. Même en sachant se défendre, elle ne pouvait à par les énervés, faire grand-chose face à ses hommes qui donnaient froid au dos. Les regards des villageois étaient rivés vers elle et son empire sur le point d'être ravagés par ses rongeurs de richesses.

-Que voulez-vous ? Leur demanda-t-elle

-Le fœtus parle. Elle a le culot de demander ce qu'on veut. On fait quoi chef ?

-Ravagez-moi tout ça avec elle en plus.

En quelques minutes, la boutique de Linda fut mise en ruine. Tout le village était triste. Ils l'obligeaient à les suivre sans rechigner. En les suivant, elle tourna le regard vers eux et avec larmes exclama « n'ayez peur, je reviendrai !».

-Tu reviendras comment ? En volant dans les airs ? Ou c'est en esprit. Jugea le chef tout en ricanant

Ils montèrent avec elle dans un tricycle et en trombe ils disparurent.

-Tu verras la beauté mielleuse du village dans laquelle nous t'amenons

Elle avait la bouche pendante et aucun son n'y sortait.

Des heures après, les voici arrivés. Le village était tel que l'a dit l'un des pionniers. On dirait une petite ville de par son animation.

Ils la conduisirent dans une pièce où était un homme élancé, maigre, le regard foncé avec des barbes enrôlés comme celui d'une chèvre. Chabirou, l'un des dévaliseurs, chuchota aux oreilles de l'homme des caraïbes et ils sortirent.

-Comment on t'appelle ma jolie ? Lui demanda-t-il

Linda avait la bouche cousue, elle était très calme. Elle ne fit aucun signe et ne répondit pas.

-Ouais je vois. Vous êtes toutes comme cela au début

Il se leva de son fauteuil, s'approcha d'elle et l'assena de son poing. Elle vécut quatre jours dans une pièce non éclairée, enfermée comme une poule. Un petit pain grillé était son repas.

Le cinquième jour, très tôt le matin, Toby, l'homme aux barbes de chèvres viens ouvrir la porte et la tire vers dehors. Il lui demande de s'assoir sur une des chaises exposées devant son bureau. Elle obéit en s'asseyant tranquillement.

Toby à son tour s'assis en face d'elle. Il se mit à l'observer attentivement. Il plongea son long regard amer dans celui de Linda, toute bouleversée. Il se mit à sourire légèrement pour faire détendre l'atmosphère mais la demoiselle n'avait son visage à déformer pour faire plaisir.

Quelques minutes plus tard, il se lança.

-Qu'aimerais-tu faire en étant ma prisonnière ?

-Peu importe le travail que vous allez me confier je suis prête à le faire

Toby se leva d'un bond, fis des cents pas, revins s'asseoir, claqua ses doigts, passa ses mains dans sa barbe et commença à sourire.

-Tu me plais bien jeune fille. Que dirais-tu d'être ma servante ?

-D'accord, tout ce que vous voulez

Elle avait une seule idée en tête. Réussir à voir le jour, connaître les endroits du village et s'enfuis aussi loin que possible.

Toby lui remis sa blouse de servante et lui acheta quelques petits vêtements. N'ayant confiance en personne vu la mauvaise réputation qu'il avait, il soumit Linda à ses gardes qui la surveillait de jours comme de nuit. Même si c'était bien pour elle de travaillée en ville, des jours ne passaient sans qu'elle ne soit battu par les gardes de Toby. Elle était tellement surveillée qu'elle ne pourrait faire un pas ou placé un mot sans que leurs regards se jettent sur elle avec horreur. Malgré ses peines, elle était contente de rencontrée de nouveaux personnages.

Un de ces jours comme d'habitude, elle se rua de ses pauvres vêtements et s'en alla. Arrivé au bar, elle entra dans un coin et se changea en servante. Elle mit au propre le bar, rangea les bouteilles et disposa convenablement les tables et les chaises. Elle attendit des heures sans voir personne. Aucun client à servir. Même les réguliers étaient absents. Elle était frustrée car son patron lui demanderait le compte le soir. Elle se mit à ruminer quelques paroles de prière en tréfonds.

Tout à coup, entra un monsieur. Elégamment habillé et présentable, son style se démarquait exceptionnellement des habitants de ce village. Elle se précipita vers lui pour l'accueilli. Avec sa toute petite voix, elle le salua et lui indiqua une des tables à chaise.

-Bonsoir demoiselle, répliqua-t-il

-De quoi avez-vous besoin monsieur? Un rafraichissant naturel ou une boisson ?

-Un rafraichissant s'il vous plaît

Après avoir eu sa réponse elle s'effaça rapidement pour servir son client. Vers une grande table se dirigea-t-elle. Quelques secondes après, la voici de retour pour remettre la bouteille au client. Il ne s'en lassait de lui lancer son regard de braise. Linda, était plutôt concentrée sur son devoir que sur le regard de son client. D'ailleurs, ils faisaient tous ce regard subjuguant envers elle, mais ces pensées ne s'égarent point sur ce chemin. Lorsqu'elle ouvrit la bouteille, elle s'éclipsa de nouveau pour laisser son client savouré cette eau fraîche. Elle revint plus tard, prendre sa commande. Du spaghetti au saucisse avait demandé Nassif.

Lorsqu'il finit de manger, il allongea un billet de dix mille francs pour le règlement de sa note.

-Nous n'avons pas la monnaie monsieur

-Ce n'est pas grave. Gardez-en pour vous

-Merci monsieur

C'était pour elle, la première fois de recevoir un si gros pourboire. Elle s'empressa de débarrasser la table et de faire le compte dans la caisse.

Deux semaines plus tard, Nassif revint au bar.

-Merci pour la fois passée monsieur

-Je vous en prie

-Que voulez-vous prendre aujourd'hui ?

-Même chose que la dernière fois

-Toute suite

Elle le servit très rapidement et repartie derrière son comptoir. L'un de ses gardes s'approcha d'elle.

-Hé, petite, ce monsieur là veut que tu lui tiennes compagnie

-Quoi ?

-Dépêche-toi, fulmina-t-il

Pour une somme insignifiante, Adjé avait failli à son devoir de surveiller la protéger.

Elle alla vers Nassif et se tint debout devant lui.

-Vous m'aviez fait appeler

-Exact, asseyez-vous. Comme vous ne faites rien actuellement, on peut discuter un moment j'espère

-Mes gardes vont s'acharné sur moi et...

-Ne vous inquiétez pas, coupa-t-il. Ils ne vous feront absolument rien, la rassura Nassif

Ils discutaient comme de bon vieux amis. Linda, qui avait perdu son sourire depuis quelques jours, le retrouva. Elle riait de plus belle. Même avec ses dents chocolatées, elle avait un sourire remarquablement hypnotisant.

Nassif était le fils de l'empereur. Il venait périodiquement dans la ville bordélique comme on l'appelle souvent pour son commerce. A chaque passage, il faisait feu de tout bois pour rencontrer Linda, ne serait-ce pour discuter même pour une trentaine de secondes. Il donnait quelques sous aux gardes, qui, laissant leur devoir, coururent pour les fiestas avec les filles de joie. Nassif en profitait pour voir Linda pour le temps qu'il voulait. Ensemble ils apprirent à se connaître. Avec elle, Nassif était capable de déballer même les plus grands secrets de sa famille. Tellement il se sentait en paix qu'il ne lui cachait absolument rien concernant ses voyages, ses ennuis et tout le bazar qui l'encombrait dans sa vie. Mais en dépit de tout il ne déballa pas le grand lot. Même avec la curiosité de Linda, il n'en dit pas long.

-Tes parents sont si riches à ce point ? Questionna-t-elle un de ces jours

-Oui très riche

-Que font-ils ?

-Ce n'est pas si important ce qu'ils font. Mais t'inquiètes, tu auras le privilège de les rencontrer un de ces jours

-Vraiment ! Exclama-t-elle

-Oui, je vais t'accompagner jusque dans la ville où ils sont

-Mais je ne peux pas. Sans l'autorisation de Toby je ne peux rien. Certes les gardes me laissent au moins respirer parce que tu leur file de l'argent. Mais Toby ne sera pas si facilement maniable

-Je verrai quoi faire ma coquette. Mais en attendant j'ai vraiment besoin que tu m'accompagnes à une soirée d'inauguration de l'entreprise d'une amie demain. C'est très important pour moi

-Moi ? Regarde comment je suis ? Je n'arrive même pas à ta cheville. Veux-tu me mettre la honte de ma vie ?

-Non, mais tu es la personne idéale pour m'accompagné à cette fête.

-Et comment je m'y prendrais pour quitter ma prison ?

-On trouvera une idée

Le lendemain, après avoir fermé le bar plus tôt que d'habitude, elle retourna dans sa prison suivit de ses gardes. Nassif l'y attendait déjà.

-Que fais-tu ici ? Lui demanda-t-elle avec étonnement.

-Je viens te chercher, dis le brave homme.

Il lui remit un sac dans lequel était mise une belle robe décente avec de magnifiques chaussures. Elle ne finit pas d'exprimer sa joie quand avec vitesse s'approcha la voiture de Toby.

-Va-t-en d'ici Nassif. Il est grave cruel cet homme. Supplia Linda

Il disparu derrière la case. Lorsque Toby descendit de la voiture, l'atmosphère était bien tendue.

-Que se passe-t-il ici ? Et pourquoi avez-vous fermé de sitôt ? Questionna-t-il le regard bien sévère

-Elle ne se sentait pas bien, s'efforça de justifier Adjé.

Toby éclata en rire.

-Tu es son médecin maintenant ? Cria-t-il sur Adjé le regard plongé dans le sien.

Le pauvre homme ne pouvait répondre. Il frémissait comme une feuille morte sous le cri de Toby.

-C'est ce que je pensais. Lança-t-il en se dirigeant dans sa voiture.

Linda pendant ce temps était comme muette.

-Hé toi, va te reposer. Demain tu reprends le boulot. Ajouta-t-il avant de mettre le moteur de l'engin en marche.

Nassif se cachait toujours dans les jeunes herbes qui poussaient derrière la case. Lorsque le patron s'en alla, il sortit discrètement et les rejoignis.

-Ne nous mets plus dans tes plans stupides, beau gars. A cause de toi on a failli en baver. A par aujourd'hui s'en ai fini avec les petits jeux d'amourettes. Lui fit comprendre durement Adjé et son camarade.

-Il se fait tard, il faut qu'on parte Linda

Elle s'habilla rapidement et par le chemin des broussailles ils s'en vont. En chemin, Nassif ne faisait que se gratter.

-Qui-a-t-il ? Lui demanda Linda

-Je me demande bien comment vous faites pour survivre en brousse. Quelques minutes à me coucher sur les broussailles et je n'arrive plus à m'arrêter de me gratter.

-ça va passer

-Je ne crois pas Linda. Mon corps est en feu.

Linda se mit à sourire.

-En feu ? Mais qui à bien pu allumer ce feu ? Dit-elle en moquerie

-Arrête de te moquer de moi coquette

Ils continuèrent le chemin jusqu'à atteindre la voie normale.

Il héla un taxi et ils sautèrent sur les sièges arrière de la cabine, qui décolla lorsque le conducteur reçu l'indication de l'endroit où ils devraient se rendre.

Après quelques kilomètres, le taximan s'arrêta.

-Nous y voilà, proclama Nassif

Ils sortirent et firent leur entré dans l'immeuble. Une jeune dame les vit et s'avança dans leur direction

-Oh mon beau. Je suis si content de te voir. Déclara-t-elle

-Moi de même, répondit Nassif

-Mais tu as une belle compagnie. Tu ne vis pas dans la dentelle toi

-Tu trouves ?

-Oui bien sûr. Elle est élégante

Linda sourit légèrement mais très vite tourna son regard pour admirer la déco.

C'était une fête inaugurale complètement monstrueuse. C'était on dirait une fête mariale. Linda ne se sentait pas vraiment dans sa peau. Elle demanda à rentrer.

-Je sais que tu n'as pas été habitué à ces genres de choses mais souris, dance, déhanche-toi. La vie est trop courte pour rester renfermer pour toujours. Crois-moi ça n'en vaut pas la peine

Tout à coup, un groupe musical monta sur scène pour faire détendre l'atmosphère. Ils jouaient si bien que la mélodie faisait planer Linda.

-Tu aimes cette mélodie ?

-Oui beaucoup. J'en ai conçu une, lorsque je vivais dans le village dans lequel j'ai été capturé.

Nassif chuchota aux oreilles d'un individu qui disparu en un clin d'œil. Un moment après et ils cessèrent de jouer. L'animatrice de la séance, refis surface avec son micro placé à la bouche comme si elle en avalerait d'un bon.

-Mesdames et messieurs, nous sommes très heureux de vous voir aussi nombreux à notre séance d'inauguration. Avant de commencer la séance nous allons laisser la parole à un de nos chaleureux invités de ce soir. Mesdames et messieurs, veuillez accueilli Mr Nassif ADJIBODOU

Toute la salle se mit à applaudis le bel homme qui se leva et monta sur le podium.

-Je vous remercie tous et particulièrement ma compagne de ce soir. Je ne dirai pas grand-chose, juste voir vos visages nombreux me chavire énormément le cœur. Et pour vous en remercier, j'inviterai ma compagne à nous jouer sa mélodie.

Linda était hébétée. La honte de sa vie ou l'exploit de sa vie. Elle ne savait trop rien. Nassif descendit et revint l'aider à se lever pour monter en scène.

-Tu peux la jouer cette mélodie puisque c'est toi qui l'a composé.

-Mais je ne l'ai plus joué il y a un bon bout de temps. Et puis tu ne m'as jamais vu jouer ni chanter

-Je sais mais tu le peux quand même. Si tu as peur du public, regarde-moi, juste moi

Elle se leva malgré son hésitation et se faisant aidé par l'animatrice, elle grimpa les coulisses et se retrouva devant tous.

Sa beauté naturelle royale déchirait d'abord le silence de l'assemblé qui l'ovationnait comme une idole.

Timidement, elle prit la guitare. Se tenant debout, elle commença à enfourcher de ses doigts les tendres cordes de cette dernière. D'un moment à l'autre, le rythme s'accentue. Le joueur de batterie, sentant cette chaleur que dégagent les sons rythmés de la guitare fut pris dans la mélodie. La salle vibrait au son. L'assemblé était toute ému.

Linda, elle avait les yeux non pas rivés sur Nassif mais tout fermé. Elle se contentait de sentir la vibration que procurait ce qu'elle faisait de ses mains. D'une minute à l'autre et elle se mit à chanter. Elle planait tellement haut qu'elle y était resté. Lorsqu'elle finit, elle remit la guitare à son propriétaire et se mit à descendre les escaliers. La foule se mit à crier de nouveau tout en l'ovationnant encore plus fort.

-J'en suis tout secoué. Tu m'as épaté par ce talent. Lui dis Nassif en la félicitant

-J'en doute bien

-Crois-le ou non, tu es formidable et tu sais jouer mieux que quiconque. Tu es juste exceptionnelle et toute suite là maintenant rien ne m'empêche de te dire ma vérité. Je suis sous ton charme.

-Ne dis pas de bêtise et conduis-moi chez moi.

-Ce ne sont pas des bêtises Linda. Tu es la personne idéale pour moi.

-Ok, on peut rentrer maintenant ?

-Pas tant que je n'aurai ta version de ma proposition. Même ton non, ne m'effrayera pas puisque tu es une personne d'une grande réflexion.

Elle ne prononça plus aucun mot et s'assis à sa place. Nassif comprit qu'elle ne voulait pas se décider. Alors, il se leva et prit son téléphone.

-Allons-y

Elle se leva et il la ramena chez elle. Arrivé devant la petite case, elle se retourna, en criant vers lui.

-Merci pour tout. Tu es la personne idéale pour moi aussi. A demain

Nassif ne pu s'empêcher de descendre de la voiture et venir la tenir dans les bras.

-Sais-tu qu'on forme un couple idéal ? Lui demanda Nassif

-Le temps le prouvera. En attendant je retourne dans ma prison.

-Il n'y à pas question que tu vives encore plus longtemps dans cet enclos, fermé comme un porc.

-Toby ne me laissera jamais m'en allé

-Pas si je m'entretiens avec lui honnêtement d'homme à homme. T'inquiètes tu ne vas pas y rester à jamais si non, comment pourrais-tu faire la connaissance de mes parents, nos parents ?

-D'accord, merci Nassif. Tu es trop bon pour moi.

-C'est normal, tu es ma préférée.

Linda ouvrit la porte de sa case et y entra. Il se glissa à l'intérieur.

-Que fais-tu ? Sors d'ici

-Je veux me coucher ici

-Sais-tu qu'il n'y a pas assez d'espace et puis la chambre n'est pas éclairée par de vive lumière

-Peu importe. Tu as l'habitude d'y rester alors pourquoi pas moi ?

-Te rappelles-tu de tes démangeaisons à cause des herbes ? Alors rentre chez toi. Si hier, ne m'as pas tué, aujourd'hui ne le fera pas.

En se rappelant de son allergie, il décida finalement de rejoindre son domicile.

Passé ce jour, il essayait de rendre visite le plus souvent à sa promise.

Un mois plus tard, Nassif alla rencontrer Toby pour lui demandé son autorisation afin d'y amener Linda.

-Elle est à moi cette fille, vous comprenez Nassif

-Elle n'est à personne. D'ailleurs vous la traitez très mal. Elle mérite de vivre sainement et proprement comme tout le monde, comme vous.

Toby le regarda durement

-Vous avez un regard bien effrayant mais cela ne m'enchante en rien. Je veux juste prendre Linda avec moi. Vos autres prisonniers, je m'en contrefiche. Mais sachez quand même une chose, vous mourrez un jour. Et puis, que vous ne vouliez ou non, je partirai avec Linda.

-Bon, je crois que je peux vous la laisser. Mais que cela soit bien clair, vous êtes sur le point de m'enlever la plus fidèle et plus soumise de mes employés.

-Hum, comment ?

-Certes, elle n'a pas tous les soins dignes du nom mais elle est exceptionnelle. Elle a un reflet qui illumine le genre de personne qu'elle est. Je ne saurais en dire long mais faites tout ce que je n'ai pas pu lui faire de bien. Elle le mérite.

Pendant ce temps, Linda s'acharnait à servir les clients qui débordaient dans le bar.

Après leur discussion, Nassif rejoignis Linda au bar. Elle s'affolait à faire les choses bien au risque de se faire gronder sévèrement. Tard la nuit, après avoir fermé le bar, Nassif le raccompagna à sa case.

-J'ai une nouvelle à t'annoncer

-T'as un problème avec ton commerce ?

-Non, je...

-Tes parents ont un problème

-Non, pourquoi penses-tu qu'on a de problème ?

-Parce que ce sont les problèmes que moi j'en ai à plein temps.

-J'ai plutôt une bonne nouvelle pour nous.

-Laquelle, vas-y dis-moi

-J'ai discuté avec ton patron, Mr Toby. Il est d'accord pour te laisser me suivre

-Je ne te suis pas vraiment Nassif

-Je dis que ton patron a donné son accord pour que tu partes avec moi, pas pour cinq jours ou deux mois mais pour toujours. Ou bien, ne veux-tu plus m'accompagner ?

-Bien sûr. C'est la plus belle des nouvelles depuis des lustres. Je ne savais pas que tu étais vraiment prêt à être avec une villageoise comme moi.

-Tu n'es pas une villageoise pour moi. Tu es ma sublime princesse, ma dorée, mon admirable pommier, ma douce miel, ma framboise, ma...

-ça suffit avec tous ses surnoms.

Ils étaient vraiment heureux ensemble. Pas besoin de toutes les richesses du monde pour en être. Ils étaient comblés l'un par l'autre.

Ils firent ensemble le programme pour la disparition vers d'autres cieux pour de belles aventures. Nassif l'accompagna et la conduisit dans un prêt à porter. Elle essaya de merveilleuses tenues, après quoi il régla la facture. Spécialiste en mode vestimentaire, elle savait ce qui était bon pour mettre en valeur son corps gracieux.

Le jour tant attendu arrivée, Toby vint très tôt le matin dans la case de Linda. Elle fut prise de peur.

-Ne t'inquiètes pas, je ne veux pas te faire du mal. Je suis venu juste pour te dire au revoir et te souhaiter bon séjour. En tout cas, si tu décides de revenir un de ces jours, je serai là à t'accueilli. Dit-il

-D'accord patron

-Tu es prête ?

-Oui je suis sur le point d'y aller

-Viens je t'amène à la gare

Elle en était effrayée mais s'efforçait de faire bon visage. Elle monta dans le véhicule et se fit conduis jusqu'à la gare sans détour. Nassif l'y attendait déjà accompagné de deux hommes.

Sur le chemin elle ne faisait que regarder tout autour d'elle. Les paysages se défilaient à vive allure de chaque côté. Les immeubles en trombe filaient comme pour leur laisser le champ libre. A destination, sur la gare d'arrivée ils achetèrent des frites et les mangeas proprement.

Soudain une voiture blindée vint se garer auprès d'eux. Linda en était toute étonnée et surprise de la longueur et la taille de l'engin.

-Qu'est ce que c'est belle et énorme cette voiture ? S'exclama-t-elle

Nassif sourit. Ses deux hommes la trouvait bien bête, si de sa vie elle n'a jamais vu une si grosse voiture.

-Pourquoi est-elle garer devant nous ?

Nassif sourit de nouveau et se tournant vers elle s'exprima.

-Eh bien, c'est la mienne. Cette voiture m'appartient. A cause de la distance et des secousses, je déteste conduis sur une longue distance.

-Tu es rempli de mystères Nassif

-Ce ne sont pas des mystères mais des surprises ma chère. Et tu n'en as pas encore tout vu. T'inquiète, elles sont toutes bonnes mes surprises

-Vraiment ? Mais en tout cas, une surprise reste un mystère pour moi

-Ne t'en fais pas. Entrons, on a du chemin à parcourir.

L'un des gardes se dépêcha d'ouvrir la portière à Linda et l'autre à Nassif. Ils montèrent et s'assis côte à côte. Nassif saisis les mains griffés et dure de Linda.

-Tu as des mains remarquablement...

-Dures, finit-elle la phrase

-Non, je veux dire...

-Arrête je ne suis pas une gamine et je sais que tout n'est pas bon à apprécier et complimenter chez moi. Je ne suis pas une déesse. Donc ne t'en veux pas et ne cherche pas à faire bonne impression même quand il ne le faut pas.

-Compris. Mais t'inquiètes, on va arrangés cela.

Sur le chemin ils ne manquèrent aucun instant de parler et de ricaner. Linda demandait quelques fois la signification de certaines statues qu'elle apercevait dans la région. D'un moment à l'autre, elle contemplait la beauté de cette ville avec douceur. Elle ne s'en lassait de poser des questions sur tout ce qu'elle voyait et ne comprenait. Quelques minutes de route et ils atteignirent un immeuble couvert de vitre blindée. C'était l'un des plus grands hôtels de la ville, le pool des bourgeois.

-Que c'est grand, que c'est énorme ! Exclama Linda, le sourire aux lèvres.

Même avec toutes les situations désespérant qu'elle ait vécu elle ne manquait jamais de sourire et de vivre la vie telle qu'elle se montrait à sa personne. C'était comme un rêve d'être en vie et de voir de, si belles choses.

Nassif descendit du véhicule après que sa garde lui ouvrit. Linda le suivit aussi. Elle descendit et béant, elle laissa sa bouche. Elle ne se souciait plus de rien mais ne faisait qu'admiré ce qu'elle voyait. Les deux hommes se repassaient l'idée de demander à leur maitre le pourquoi elle avait l'air si débile.

-Patron, pourquoi est-elle si bizarre à ce point ? Demanda l'un d'eux en s'approchant de son maître

Il les ignora, ne fit aucune attention à leur question et continue son chemin. Ils vinrent ensuite près de la porte d'entrée.

-Nous allons y restés pendant un moment. Aliou et Romuald, vous allez rester juste dans la chambre qui fera face à la chambre de mademoiselle Linda. Et pas question que vous soyez distrait.

Linda ignorait complètement la grande personnalité de Nassif. Pour elle, son statut de commerçant lui allait déjà.

Nassif était contraint de mettre Linda à l'abri dans l'une des chambres d'hôtels car n'ayant informé aucun de ses géniteurs, il ne pourra débarquer avec une fille dans la résidence.

Ils entrèrent dans l'immeuble et se fis inscrit dans le registre. Aliou pris les clés des chambres et ensemble ils montèrent dans l'ascenseur.

-C'est ça la chambre ? Demanda Linda

-Non ma chérie. Ça c'est un ascenseur. Il permet de vite se déplacer d'un étage à une autre sans se fatiguer.

-Waouh et ça se ferme tout seul. C'est super

-Oui Linda et elle s'ouvre seul également

Aliou et Romuald étaient de plus en plus étonnés par les attitudes villageoises de Linda et par la souplesse et la tendresse avec laquelle Nassif essayait de la gérer avec ses multiples questions qui leur paraissaient toutes ridicule.

Une fois arrivée au sommet, au dernier étage de l'immeuble, la porte s'ouvrit et ils sortirent.

Dans l'allée, il y avait quelques individus qui faisaient le nettoyage du sol. Ils les dépassèrent sans mot. Linda leur fis signe de main avant de poursuivre son chemin derrière les gardes. Lorsqu'ils atteignirent leurs chambres, les deux gardes reçurent leurs dernières instructions avant de s'éclipser pour leur chambre.

-Nassif, pourquoi veux-tu me laisser ici avec des gardes ?

-Parce que je ne pourrais pas te protéger en étant loin. Ils assureront ta sécurité.

-J'ai l'impression d'être avec Toby transformé en toi

-Ne dis pas ça s'il te plaît. Ce serait juste pour quelques temps. Et puis ils n'oseront jamais te faire du mal ou te manquer du respect, ils risqueront leur place.

-Comment ? Place ?

-Je veux dire, leur travail ma chérie

-Je vois mais ne les renvois pas. Ils sont très simples.

-Tu n'as pas à t'inquiéter. Tu es ici dans ta chambre temporairement. Tu peux te coucher partout, à même le sol, dans le divan, partout. Et si tu as faim, tu n'as qu'à faire signe à Aliou et Romuald, ils t'achèteront ce que tu veux.

-Compris

Nassif lui fis un baiser au front et s'en alla.

A peine, avait-il franchi la porte et Linda se mit à chercher le balaie pour nettoyer sa chambre. Ne le trouvant pas, elle sortit précipitamment voir Aliou.

-Monsieur Aliou, je crois qu'ils ont oubliés de mettre le balaie dans ma chambre

-Mademoiselle, nous sommes dans un hôtel ici. Il y a des agents pour mettre au propre votre chambre. C'est pourquoi il n'y a pas de balaie.

Tout à coup, revint Nassif

-Que se passe-t-il ici ? Questionna-t-il aux gardes

Ils lui expliquèrent la situation.

-Linda, ils te feront tout. Les agents engagés pour chaque travail viendront s'acquitter de leur devoir. Ne t'en fais pas. Tu n'as qu'à commander et tu seras servie

-Je n'ai pas appris à faire cela, répliqua Linda

Aliou et Romuald se regarde bizarrement.

-Tu t'y habitueras, tu verras. Maintenant je m'en vais. A la prochaine

Ils se séparèrent chacun de son côté. Linda rejoignis sa chambre. Elle s'assit dans le divan. Tantôt, elle s'assit au sol, tantôt le divan. Elle ne se sentait pas à sa place. Elle fit venir Aliou et Romuald.

-Vous nous aviez fait appeler mademoiselle ?

-Oui, j'ai besoin d'un repas, du riz avec la sauce. Pourrais-je l'avoir ?

De nouveau, ils se regardent bizarrement

-Je ne crois pas mais je vous commanderez un repas formidable, du ragoût au fromage.

-D'accord, commandez pour quatre personnes

Ils sortirent passer la commande.

-Mais dis donc, elle a un creux, cette fille. Proclama Aliou

-Elle est vraiment une villageoise. Je me demande d'où le patron a bien pu la ramasser. Ajouta Romuald

Environs cinq minutes plus tard, ils revinrent avec une jeune dame tenant en main un grand plateau bien recouvert et la servit.

-Vous avez besoin d'autres choses ? Demanda Romuald

-Oui, asseyez-vous

Ils étaient tous deux étonnés.

-Nous ne pouvons pas mademoiselle.

-Alors je vous l'ordonne. Asseyez-vous

Mais d'où, a-t-elle apprit à être autoritaire cette villageoise ? Se demanda Romuald.

Ils s'asseyaient malgré eux.

-Prenez-en chacun un plat de ragout.

-Nous n'avions pas faim mademoiselle. Exclama Aliou

-Mangez quand même. Vous n'avez rien mangé depuis le matin, à ce que j'ai vu en cheminant avec vous.

Ils prirent chacun un plat en soupçonnant intérieurement Linda de planifier leur renvoie. Ils mangèrent l'air bouleversé.

-Vous aimez regarder la télévision j'espère, dit Linda en prenant la bouteille d'eau qui était posé sur le guéridon devant elle.

Ils ne répondirent. Elle prit quand même la télécommande et mis en marche une chaîne. Elle en savait manipuler grâce à Jacki qui l'obligeait à changer de chaîne chaque demi dizaine de minutes. Elle souriait en regardant la comédie qui se jouait sur l'écran. Lorsqu'elle finit de manger, elle déposa son plat et se mit à regarder ses gardes. Ces derniers en étaient toute flippés. Ils essayèrent de finir également leurs siens.

Ils ne savaient s'ils avaient le droit de se lever ou de rester assis.

-Merci mademoiselle. Maintenant on doit reprendre notre garde, s'exprima Aliou

Ils se levèrent sur leur parole et s'en alla.

-Je comprends votre réaction envers moi chers messieurs, leur cria Linda.

Ils se retournèrent brusquement

-Pardon mademoiselle, vous nous parlés

-Oui en effet je vous comprends. Venez vous asseoir.

Ils revinrent sur leur pas.

-Vous vous demander d'où je viens pour être si bizarre, si je ne me trompe

Ils étaient maintenant très effrayés. La sueur s'efforçait de sortir sous l'effet de la frustration.

Linda respira un coup et se mis à leur raconter l'histoire de sa vie. Plus d'une heure et demie et elle n'arrêtait pas de poursuivre sa présentation.

-Voilà mon histoire. Et là je ne sais pas pourquoi votre patron s'est mis avec moi. Pourtant il y a des filles bien instruire dans cette localité si je ne me trompe

-Aucunement mais vous êtes très belles aussi. D'après votre récit je vois que vous êtes pleine de vertu et très courageuse. Dis Aliou

-Je n'en dirai pas autant de moi-même vous savez.

-Nous sommes désolés pour nos premières manières. On vous promet de vous apportés notre soutien dans tout ce que vous voulez. Ajouta Romuald

-Merci et bonne nuit à vous chers messieurs

Ils s'éclipsèrent et elle se dressa sur le canapé et s'endormis.

Les jours passés à l'hôtel fus tellement mouvementé pour Linda. Elle prenait l'ascenseur, juste pour se rendre dans le hall pour voir ceux qui entrait et sortait. Elle ne s'en lassait de passer un bonjour à ceux qu'elle appréhendait. Elle se rendait utile et serviable.

Un jour même, elle demanda par courtoisie à aider la servante de chambre dans ses activités. Mais la jeune femme n'accepta guère sa demande. Tous les travailleurs de l'hôtel et même le gérant connaissait Nassif, pas de son statut de commerçant mais de son statut de fils de l'empereur. Un tel comportement ne pourrait être accepté. Linda se croyait ne pas être vraiment apprécié à cause de son côté analphabète. Au contraire, elle en était pleinement mais le statut de son protecteur ne laissait pas possibilité aux autres de trop s'approcher d'elle. Elle méritait le respect.

De l'autre coté Nassif alla voir son père et lui raconta tout dès sa première rencontre avec Linda.

-Et, que deviens cette fille maintenant ? Lui demanda le vieux père

-J'ai l'intention de la faire amener dans la résidence pour qu'on vive ensemble

-Tu as l'air de t'intéresser beaucoup trop à elle malgré qu'elle soit une villageoise

-Oui père. Son côté de villageoise ne me gêne en rien. L'essentiel est qu'elle se défend très bien pour s'exprimer convenablement.

-Je ne peux qu'accepter. Il y a longtemps maintenant que j'attends que tu choisisses une fille parmi les nombreuses qui te cours après et l'amène à la maison mais tu semblais ne porter ton attention non sur ces créatures plutôt sur ton activité. Ou du moins tu n'avais pas le courage de le faire. Cette fille doit sûrement avoir une étincelle pour que tu la choisisses, elle, une villageoise. Même à décider de vivre avec elle, tu en fais bien assez cette fois ci avec la fille des brousses.

-S'il te plaît papa

-J'ai compris

Après avoir eu l'accord de son père, Nassif revint à l'hôtel.

-On rentre chez nous aujourd'hui, commença-t-il

-Comment ça chez nous ?

-Je t'amène voir ma famille et l'endroit où on restera.

Rapidement, Aliou et Romuald l'aida à ranger ses affaires. Ils la conduisirent jusqu'à la résidence. Nassif la présenta à tous les membres du lieu.

Ensuite, il la conduisit vers ses parents et leur montra la fille dont il avait l'habitude de parler. Il faut dire que Nassif était plus obstinés à discuter avec sa mère qu'avec son père, ce qui fait qu'il n'arrêtait de parler de Linda au coté de sa mère depuis longtemps. Après avoir discutés longuement avec les parents, Linda, fut installée dans une chambre très superbe plus belle que toutes les chambres dans lesquelles elle avait vécu.

Ne voulant aucunement faire preuve d'une mauvaise impression, elle s'efforçait de maintenir son calme malgré l'immensité de sa joie.

Des jours passaient, elle avait ce don d'apprécier à sa valeur ce qu'elle a. Elle aimait donner un coup de main aux travailleurs de la maison. Tailler les fleurs, ranger la maison, aidée à la préparation des repas. Elle aimait se rendre utile aux autres.

Malgré toutes les tentatives de Nassif et de ses parents pour la dissuader, elle ne se résigna pas autant à laisser cette manière.

Un jour, de bon matin, elle se leva et mit au propre sa chambre. Elle ne sortit pas et resta collé à sa poste télévision. Elle ne se souvint même pas du déjeuner. Remarquant son absence, Nassif lui apporta son déjeuner.

-Tu n'es pas descendu aujourd'hui. Tout va bien ?

-Oui ça va. Répondit-elle

-Je vais dans l'autre région pour mon travail. Je reviendrai le soir.

-Je vais t'y accompagner

-Non, ma puce. Reste ici. Je te ramènerai de bons cadeaux, tu verras.

Elle acquiesça tout en commençant à déguster son repas.

La vie à la résidence était tellement différente et tellement organisée au point où elle n'arrivait pas trop à s'adapter complètement. Tout, était fait selon un ordre précis qui dépassait parfois les normes.

Dans la soirée, déjà entrain de diner, Nassif rentra à la résidence. Il se joignit aux membres de la famille déjà à table. Après le repas, Linda regagna sa chambre. Nassif la suivit.

-J'ai l'impression que tu veux me dire quelque chose de plus sérieux.

-Oui Linda. J'aimerais bien que tu deviennes officiellement ma femme. Qu'on se marie et qu'on vit ensemble à jamais

-Tu connais déjà ma réponse Nassif

-Et ?

-J'accepte d'être ta femme, parce que je t'aime et je crois que tu es la seconde personne que j'ai plus aimé à par mon père.

-Merci ma chérie. Et maintenant arrête de t'affoler à faire les travaux de la résidence. Il y a des centaines de servantes ici.

-D'accord compris, j'essayerai.

Depuis ce soir là, elle était devenue encore plus la protégée de tous. La future épouse du fils de l'empereur, était comme la princesse unique d'un royaume. Elle était chouchoutée de mille manières. Même si cela en était parfois exagéré pour elle, elle subissait.

Nassif annonça la nouvelle à ses parents qui de folie de joie se mirent à planifier et organiser le mariage de leur fils avec la fille de ses rêves.

L'empereur ordonna à ses employés de bien s'occuper de la propreté de la résidence et de tout ce qui s'entourait.

Nassif discutait pendant ce temps avec sa future épouse et son père.

-Ce serait le mariage du siècle. Ne t'inquiète pas ma fille, la rassura l'empereur

Ensemble, ils fixèrent la date officielle de la célébration de leur mariage.

Linda en était tellement contente. Cela représentait le plus grand évènement qu'elle ait vécu depuis toujours. Puisqu'elle n'eut jamais fêté un évènement en sa propre faveur. Elle se rappela de son père et d'un coup des larmes se mirent à faire leur apparition. De ses mains, elle les essuya rapidement. Nassif la surprit.

-Qui-a-t-il ma chérie ?

-Je suis sur le point de me marier et aucun membre de ma famille ne serait présent puisqu'ils ont tous retrouvés la mort. Même ceux qui m'ont accepté comme leur famille sont à des kilomètres d'ici et ils doivent sûrement pensés que je suis déjà morte.

-Je te comprends mais tu n'as pas à t'en faire. Je suis sûr que ta famille, ton père serait très heureux de te voir heureuse.

Les mots de Nassif lui étaient agréables et réconfortante. Elle se laissa tomber dans ses bras.

* *

*

Un beau nuage se leva. Un nouvel horizon se fit accueilli, le jour tant attendu fut enfin arrivé.

Les allées et retour des servantes se multipliaient en même temps que l'heure de la cérémonie s'émiettaient. Mr Bill, l'organisateur, donnait des ordres et veillaient à leur exécution. Les chaises et les tables, disposés convenablement étaient enveloppés de tissu fin. Il fit venir sous l'autorisation de Nassif, l'un des meilleurs décorateurs de la région. Ce dernier était connu de par sa réputation dure comme le rocher. Il veillait à mettre chaque chose à sa place, chaque couleur avec sa paire. C'était extraordinaire.

Peu avant l'heure de la cérémonie, l'une des servantes se mit aux ordres de Linda pour l'habillé avec l'aide de Lydie, la spécialiste en soin et beauté de la famille.

Amélie, la servante, déballa le carton dans lequel se trouvait la robe pour la cérémonie. Elle en était éblouie. Elle était faite de bons tissus et recouvert de paillettes. Longues comme le coup du diplodocus, elle recouvrit complètement les pieds de Linda.

Elle fut habillée en princesse. Son visage brillait comme les étoiles sous l'effet des produits que Lydie y avait appliqué soigneusement. Amélie mit à fond le climatiseur pour soulager la chaleur que ressentait Linda afin d'éviter que la transpiration excessive ne rende caduque l'effet des produits de soin utilisés.

Nassif et ses parents firent déplacer le maire ainsi que le prête pour la célébration du mariage.

Lorsque tous les invités se regroupèrent, l'empereur débuta la séance.

-Bonjour à tous. Je vous remercie tous d'être présent en ce jour. Il y a quelques mois en arrière, je ne prenais pas les propos de mon fils en considération quand il vint m'annoncer qu'il avait trouvé la fille idéale pour lui. Je savais qu'il ne me mentait pas mais je ne le croyais pas faire ce chemin périlleux jusqu'à atteindre le mariage. Aujourd'hui je me rends compte d'une chose, son cœur a vraiment choisi cette fille, belle, étincelante, rayonnante et surtout doté d'énormes qualités que je ne pourrais finir de citer. Son courage traça son chemin d'un endroit terrible à cette cour. Aujourd'hui est un grand jour, un jour où même les morts se réjouissent de ce pourquoi nous sommes réunis ici présent. Les anges du ciel, de leur trompette acclament le tout puissant pour ses bienfaits dans ma famille, dans vos familles et dans la vie de ses jeunes qui désirent s'unis par les liens du mariage.

Chers membres de la famille, chers invités, chers tous, j'ai l'honneur de vous présenter à nouveau mon fils, Nassif.

L'assemblée se mit à l'ovationner. Il sortit de sa cachette et rejoignis son père.

-A présent, veuillez accueilli la princesse du jour

Une fois encore, les ovations retentissent. Elles deviennent plus fortes lorsque la gracieuse silhouette de Linda apparait. Elle était juste magnifique. La fille de la brousse habillée en la princesse des contes de fée. Sa démarche suivait un rythme régulier et paisible. Personne ne se parlait. Tous se contentaient de contempler cette beauté avec les ovations. Si je ne voyais pas de mes propres yeux, je dirai que c'est un mythe, chuchota l'un des amis de Nassif.

Elle avança jusqu'auprès de son futur mari et futur beau père.

-Et voici la demoiselle des contes de fée en chair et en os. Je vous prie de l'ovationné très fort.

Et l'assemblée repris son geste.

Lorsqu'il finit ses propos, il laissa la parole au maire et au prête pour la célébration proprement dite du mariage.

-Nous sommes réunis ce matin en présence de Dieu et de tous pour célébrer le mariage de Nassif ADJIBODOU et de Linda TANDA. Nous osons croire à ce que mademoiselle Linda est venu de son propre gré s'unis avec monsieur Nassif. Si quelqu'un a un quelconque reproche à signaler contre la célébration de ce mariage, qu'il s'exprime ou se taise à jamais. Commença le maire, se tenant debout auprès du prête.

Tout le monde était tranquille, jusqu'à ce que se lève Tanguy, un des amis de Nassif.

-Cette fille est plus que de ton genre. Tu as fait fort cette fois ci, affirma-t-il

L'empereur le regarda avec dédain et il se rassoit immédiatement.

-Veuillez poursuivre son excellence, lui demanda-t-il

-Pas de reproches à signaler au niveau du public. Dit le maire

-Monsieur Nassif ADJIBODOU, acceptez-vous de prendre mademoiselle Linda TANDA comme épouse, la chérit, la nourrit, la protéger et cela dans la maladie, la pauvreté, la richesse, les bons comme dans les moments difficiles ? Questionna le maire

-Oui je l'accepte, répondit-il

-Mademoiselle Linda TANDA, acceptez-vous de prendre monsieur Nassif ADJIBODOU comme époux, le chérit, le soutenir, le protéger et cela dans la maladie, la pauvreté, la richesse, les bons comme dans les moments difficiles ? Questionna le prêtre

-Oui je l'accepte

L'un des enfants de cœur qui suivaient le prêtre tendit la bible sur lequel était apposée l'alliance au prêtre. Celui-ci, les prirent et les donnèrent aux futurs mariés. Nassif, prend celle de Linda et en prenant son doigt formula son vœu.

- Cette anneau que je porte à ton doigt est le signe de l'éternel amour que je porte en mon cœur envers la merveilleuse être que tu représentes. A travers cette alliance, tu m'appartiens. Annonça Nassif tout heureux

-Cette bague ici présente que je porte à ton doigt symbolise tout l'amour que je porte en mon cœur pour ta personne. Tu m'appartiens. Dit Linda à son tour.

- Par les pouvoirs qui me sont conférés en tant que maire de cette commune, affirma le maire

-Et par les miens en tant que serviteur de Dieu, ajouta le prêtre

-Nous déclarons, Nassif ADJIBODOU et Linda TANDA, unis par les liens du mariage. A présent vous êtes reconnus devant Dieu et devant les hommes comme mari et femme. Vous pouvez vous embrassés.

Nassif n'attendit même pas une miette de seconde avant de se jeter sur les lèvres de Linda, ne connaissant pas grande chose en la matière. Elle fit l'effort de se contenter d'apprendre à chaque instant.

-Ça y est Linda, on est enfin officiellement ensemble. Plus rien ne pourra nous séparer.

-Oui c'est vrai. Nous sommes unis pour la vie.

-Je t'aime Linda. Même si tu ne sembles pas trop connaître les réalités auxquelles je suis habitué, je t'aime et je sais qu'ensemble on va s'y adapter et on sera heureux.

-Moi aussi je t'aime et je crois en toi et en Dieu. Car sans lui, je serai peut être entrain de mourir de faim. La seule chose qui me fait un peu mal, c'est l'absence de mon père à cet évènement

-Qui te dit qu'il n'est pas là ?

-Tu le vois toi ?

-Non mais un langage dit que les morts ne sont pas vraiment morts. Ils habitent toujours avec les vivants sauf que ces derniers ne peuvent les apercevoir avec des yeux vivants. Je suis sûr qu'il est présent parmi nous et est très heureux de te voir ici célébrant ton mariage.

-Tu as toujours quelque chose à dire pour me remonter le moral, je crois que c'est ce qui fait ton charme

-Là je sui flatté.

-Pas vraiment. On y va ?

Nassif lui tendit son bras et bras dans les bras ils se disposèrent.

Ils étaient heureux, cela se voyait et même à des kilomètres d'eux, l'on pouvait senti cet atmosphère remplit d'odeur d'amour.

L'empereur et sa femme prirent la parole pour remercier de nouveau l'assemblée et ouvrir officiellement la réception.

-Et voilà, mesdames et messieurs, mon fils et la merveilleuse demoiselle sont à présent mariés. Il n'y a rien que nous faisons qui sera de secret. Car tout pouvoir leur ait donné de s'amouracher comme bon leur semble. Ceci dit, mes chers enfants, je vous souhaite le bonheur. Et que le père tout puisant qui a permis que cette célébration ait lieu, vous bénisse et vous accorde surtout la santé et la fertilité.

Tous répondirent ''Amen'' à la place des mariés.

Nassif demanda ensuite à prendre le micro et à dire un mot à la foule.

-Nous vous remercions tous, ma femme et moi d'être venus assez nombreux des quatre coins du pays pour ne pas exagérer à dire du monde, pour venir nous soutenir en ce jour. Que Dieu vous le rende au centuple. Par votre présence, vous faites de cette célébration, une réussite. Je vous aime. Dit Nassif

Le public se mit à applaudir.

-Alors, avant d'ouvrir officiellement la réception, dis l'empereur, je vous invite à accueillir la mariée qui de sa belle voix et de son art pour jouer la guitare, vous fera découvrir sa mielleuse mélodie.

Linda s'approcha des musiciens qui s'étaient regroupés dans un coin au devant de tous. Elle prit sa guitare et avec toute sa joie commença.

-Ceci est dédié à vous tous et particulièrement à mon mari, ma nouvelle famille et à mon défunt père. Affirma-t-elle

Elle se mit à jouer de belle. C'était on dirait une berceuse. La foule était calme.

-Tu as une pierre particulièrement précieuse mon amie, chuchota Assimi, le meilleur ou l'ex meilleur ami de Nassif

-Tu l'as dis Assi, répliqua-t-il

-Mais pourquoi m'as-tu caché l'existence de cette fille dans ta vie ?

-Je ne veux pas que ce qui m'est arrivé plusieurs fois, m'arrivent encore, répondit-il

-Quoi ? Demanda son interlocuteur

-Tu le sais bien et je n'ai pas envie de discuter de cela.

-Ça remonte à des années maintenant Nassif. Et même si tu tenais beaucoup à ces filles par le passé, elles étaient juste des petites pommes.

-Assimi, petites pommes ? Je ne traite pas des humains de pomme, moi. J'avais aimé ces filles mais toi et ton pote, vous me les avez dégoté.

-Je sais mais tu as su en trouvé une autre

-Sais-tu le temps qu'il m'a fallu pour tomber de nouveau amoureux ?

-Longtemps j'imagine

-Plus que tu ne le crois. Mais, il y a une chose, celui qui osera détourner Linda, aura affaire à la pire personne qu'il est rencontré de toute son existence.

-Je vois que tu aimes cette fille

-Tu n'as pas idée à quel point, conclut-il avant de s'en aller rejoindre sa moitié, s'avançant dans sa direction.

L'empereur déclare l'ouverture de la réception et tout le monde fut servi sans exception de ses bons plats qui dégageaient de très bonnes odeurs.

Tout le monde parlait de Linda. Elle était exceptionnelle avec sa beauté naturelle envoutante.

Il y avait l'appétit dans l'air avec les invités. Ils dégustaient les repas avec fourgue. Les dents de scies enfourchaient les viandes bien grasses et faisaient remplis les ventres de joie.

Quant aux mariés ils furent servis dans la chambre spéciale après l'échange d'accolade et de la réception des cadeaux. Il y en avait tout une montagne de cadeau rangé dans l'une des chambres. On ne pouvait compter le nombre.

La fête continuait toujours, jusque dans l'après midi. Aux environs de dix neuf heures le nombre commencèrent à se réduire.

Les mariés étaient assis dans le salon de leurs appartements quand une des domestiques à leur service vint avec un plat chargé.

-A qui amènes-tu cela ? Demanda Nassif

-A vous, répondit-elle

-Non s'il te plait. Retourne avec ça. Je ne peux plus rien avalé de plus. Je risque de m'éclater comme un ballon de baudruche.

-Moi de même, je suis au top. Répliqua Linda, dressée dans le divan.

-D'accord, faites-moi signe en cas de besoin, dis la jeune dame avant de s'éclipser.

Après s'être détendu un moment, Nassif alla remercier les grandes personnalités qui ont honoré de leur présence l'évènement. Linda pendant ce temps, se prenait le plaisir de faire le lit, malgré la plainte des servantes.

Nassif le rejoins plus tard.

« Que c'était bon notre fête de mariage », exclama-t-elle lorsqu'elle la vit entré.

Ce dernier ne prit le temps de répondre avant de la prendre dans ses bras et la soulever du tapis contre lui.

-Je vais tomber, cria-t-elle

-T'inquiètes, fais-moi confiance, le rassura-t-il

Il la conduit jusque dans leur lit et la déposa délicatement. Linda se mit sur son séant. Ils commencèrent à discuter, à planifier et à s'imaginer tous ses bons moments qu'ils auront à passer ensemble, sur le nombre de gosses qu'ils auront et plein d'autres choses. Assez parler et sans plus de sujet sur lequel discuté immédiatement, ils se fixèrent droit dans les yeux. Ce fus pour la première fois que Linda le regardai de cette façon. Elle avait l'amour plein les yeux. Ils se mirent à s'échanger des baisers profond et ce fut la fête d'union la plus douce, pondérée et rythmée.

* *

*

Quelques mois plus tard

Linda s'afférait à ranger la chambre conjugale comme elle en avait toujours l'habitude. Elle allait et venait, changeait le drap, enlevait les poches des coussins. Elle le faisait si rapidement car son homme revint de son voyage en Italie. Elle exigea de faire elle même le plat de résistance à sa manière. Lorsque Nassif fit son entré dans la concession, elle court en trombe se jeter sur lui. Comme s'il attendait ce réflexe, il la prit et la serra très fort. Il fit des ronds comme si sa femme avait le poids d'un gamin de deux ans.

-Tu m'as terriblement manqué ma chérie

-Tu m'as manqué aussi

Toute la famille se réunit et organisa une fête pour le retour de Nassif. Ayant de grosse fortune, les fêtes n'en manquaient jamais. Linda en était parfois exaspérée, éblouie et ému. Car de son enfance, elle ne connaissait ni les fêtes d'anniversaires, ni les fêtes de retrouvailles, peu importe le groupe de mots associés à fête, elle n'en savait rien. La précarité de la vie qu'elle menait autrefois, ne permettait pas de voir cet horizon.

Ce soir était festif pas seulement en général mais également en particulier pour Nassif et sa femme.

Le lendemain, Nassif prit sa douche de bonne heure. Il ordonna aux domestiques de faire un repas spectaculaire pour un pic-nic avec son épouse à la plage. Linda était toujours au lit. Cela ne lui ressemblait pas vraiment. Son mari alla la réveiller.

-Il est l'heure de se réveiller choupinette. Dit-il câlinement

Elle ouvrit ses yeux.

-Pourquoi tes yeux sont ainsi ?

-Je me sens très mal. On dirait que j'ai été piétiné par un éléphant.

Nassif avait très peur de ce qu'il entendait. Il la conduisit immédiatement à l'hôpital le plus proche de la résidence. Le docteur l'examina. Il exigea à faire une prise de sang pour des analyses étant donné que Linda n'avait jamais connu de soins médicaux depuis plus de vingt ans. Il les congédia après qu'elle ait reçu une bonne dose de sérum.

-Les piqûres te font mal ma chérie ? Questionna la mère de Nassif interpellé par son fils

-Non maman, c'est comme une piqûre de moustique

Elle est vraiment issue d'un monde de chasseur, cette fille, se dit-elle.

Elle fut ramenée à la maison, tout délicatement, on dirait que le conducteur roulait sur des œufs à ne pas casser. Pour sortir du véhicule, Nassif courut ouvrit la portière et tint sa main, comme s'il ne le faisait pas, elle allait disparaître.

-Arrête de faire tout ça mon cher mari, je n'ai rien de si grave, lui dit-elle

-Tu crois vraiment que je vais gober cela ? Allons-y, tu vas t'allonger

Tout cela mettait Linda un peu mal à l'aise. Elle était comme la parole défendue. Tout le monde veillait à ne pas en laisser sortir de son fort intérieur.

Trois jours après sa visite à l'hôpital, Nassif se rendit chez le docteur pour retirer les résultats des analyses faites.

-Ah monsieur le fils de l'empereur, vous voilà.

-Oui docteur, j'espère qu'il n'y a pas de quoi craindre

-Non. En effet c'était juste un malaise mais il y a une nouvelle qui fera des mouches.

-Qui-a-t-il ?

-Votre femme a un syndrome qui à l'avenir pourrait devenir très grave. Ce syndrome se développe...

-Comment pourrait-on y remédier ? Coupa-t-il net le docteur

-Il faudrait qu'elle contrôle son alimentation

-Vous plaisantez j'espère, exclama-t-il

-Pas du tout. Je ne doute pas qu'elle ait une alimentation de qualité. Ce dont j'en doute, c'est si son alimentation est équilibrée. Il faudrait veiller à cela et lui exigée à prendre trop souvent assez de fruit, de légumes et par-dessus tout, moins de viande.

-Merci docteur.

Nassif sortit de l'hôpital avec une peur, comment convaincre sa femme, une native de chasse à ne pas manger de la viande ?

Arrivé à la résidence, il se mit à fuir le regard de sa femme. Cette dernière le piégea dans la cuisine. Il voulait prendre une bouteille d'eau après avoir vérifier si elle était en dehors du viseur. Mais fut surprise de la voir, caché sous la table à découper.

-Pourquoi fuis-tu mon regard ? Questionna la jeune dame

-Je ne le fais pas. Tu es mon doux caramel fondu, je ne peux pas te fuir.

-Mais tu le fais depuis que tu es rentré de l'hôpital. J'ai une maladie mourante?

-Non ma chérie

- Je vais mourir dans quelques jours ?

-Bien sûr que non Linda.

Il prit sa main et la conduisit jusqu'au salon et la fit assoie.

-D'après l'analyse faite par le docteur, il parait que tu souffres d'un syndrome en état partiel et que cela pourrait devenir assez grave à l'avenir. Et pour y remédier, il faudra revoir ton alimentation.

-Sans problème

-D'accord mais cela implique que tu dois manger beaucoup de fruit et de légumes

-ça ne me gène pas

-Et éviter de manger assez de viande

Elle resta silencieuse. Nassif comprit que cette nouvelle était un peu bouleversante pour sa femme qui depuis son enfance était habitué à manger de la viande.

-Si c'est ce qu'il faut pour que je me porte bien et vivre assez longtemps à tes côtés, il n'y a aucun problème, déclara-t-elle

-Quoi ? Tu acceptes faire une telle chose Linda ?

-Evidemment. Papa me dis toujours qu'il n'y a rien de plus important que la santé. Alors oui, je peux arrêter de consommer la viande pour rester en forme. Et puis je n'en mangeais plus assez depuis même avant de quitter le village de mon père. Alors sois sans crainte.

Nassif était satisfait de la réponse de sa femme. Qui elle aussi en était tellement contente car bien qu'ayant été élevé dans un monde où la viande était chaque jour au menu, avait marre de voir ses dents en plein dans les repas exorbitants.

Elle se mit immédiatement au traitement. Elle respectait les instructions du docteur à la lettre. Au fur et à mesure que les semaines passaient et que le traitement se corsait, elle constatait un changement corporel. Elle se sentait devenir grosse, toute ronde et bizarrement allergique à certaines des habitudes qu'elle avait.

-Mon mari, ne vois-tu pas que j'ai perdu mon allure habituel ?

-Tu veux dire mince comme un mannequin ?

-Oui, je suis devenue toute grosse

-Si c'est pour savoir si cela me gêne, ne t'en fais pas. Ça ne me gêne en rien, que tu prennes une silhouette ronde. Par contre si tu devins trop maigre, j'aurai des choses à me reprocher. Alors oublie un peu ta silhouette toute bouffie. Tu es belle comme un cœur.

Linda n'en était pas si contente de perdre son allure de chasseuse.

Deux mois plus tard, elle fut convoquée par le docteur pour une nouvelle analyse afin de voir l'amélioration de la santé.

-Madame et monsieur ADJIBODOU, je crois que le syndrome qui se présentait était plutôt un merveilleux syndrome camouflé sous un autre

-Qu'est ce que cela veut dire encore ? S'enflamma Nassif débordé

-Votre femme est enceinte. Il n'y a aucun syndrome en elle. Elle se porte parfaitement bien et porte une grossesse de deux mois et plus.

Les yeux rouges de colère devinrent tout à coup, des yeux brillants de lumière vive. C'était une joie inexplicable qui se luisait dans le visage de chacun d'eux.

Nassif tomba sur ses genoux, les yeux et les mains vers le ciel et se mit à rendre grâce. Linda ne pouvait s'empêcher de couler des larmes de bonheur. Elle ne savait, si elle allait rendre grâce, pleurer en criant ou juste se taire. La joie était débordante. Même le docteur en était toute secoué par cette merveille qui se forme dans le ventre de Linda. Nassif courut annoncer la nouvelle à ses parents qui comme s'ils étaient les parents directs des enfants à venir, se mirent à crier d'une folie de joie.

La mère de Nassif, s'affère à commencer à apprêter la venue du bébé.

Ils avaient préparés un très beau et grand trousseau au nouveau à venir. Ils étaient tous pressés à accueillis le bébé. Quelques mois après, elle accoucha d'un très beau garçon que toute la résidence accueilli avec une joie sans pareille.

Des années passaient et la famille s'élargissait. Nassif n'avait jamais abandonné ce qui le motivait et son père en était fier.

Il ordonna la construction d'une nouvelle résidence à l'insu de son fils. Il exigea que la construction soit faite d'un goût particulier équivalent à celui de Nassif. Personne n'était au courant de ce projet qu'il développait en cachette sous le même toit qu'eux tous. Juste après la pose des hublots et le badigeonnage de l'immeuble, témoignant de la fin des travaux, il tomba gravement malade. Il était mal en point au niveau même de ne plus se lever. Sentant sa mort très immédiate, il ordonna à ses gardes de l'aider à accoucher de quelques mots pour son fils.

Nassif, occupé à gérer ses propres affaires, n'eut pas le temps de rendre visite à son père depuis une nuitée.

Après avoir rendu l'âme, l'un des gardes accourut annoncer la nouvelle à la famille.

-Monsieur, il m'a demandé de vous remettre ceci. Dit-t-il

Nassif était envahi de frustration à l'idée de ne jamais revoir le visage de son père à nouveau en vie. Il prit la lettre et en s'asseyant déplia le feuillet.

Mon cher fils,

Je doute fort de survivre à cette maladie qui depuis peu bousie mon physique. Je suis au bord de la voie de l'au-delà. Mais avant que page ne soit tournée sur moi, il faudrait que tu saches que tous mes biens, du plus petit au plus grand te revienne excepté la résidence dans laquelle vous êtes présentement, toi et ta famille. J'ai fais faire construire une nouvelle habitation pour vous selon tes goûts. Tu le trouveras sûrement moins bon mais elle représente bien que ce qu'elle est en réalité. Il faudrait que tu saches que, je suis fier de t'avoir comme fils et fier d'avoir été ton papa.

Si tu reçois cette lettre, c'est que je ne suis plus de ce monde.

Je t'aime fiston, tu es le meilleur enfant, père et mari du monde.

Lorsqu'il finit de lire, il se laissa choir sur le canapé.

-Je suis un très mauvais fils qui abandonne son père sur son lit d'hôpital, protestait-il

-Ne dis plus cela, lui reprocha durement Linda. Même si tu étais là, tu ne pouvais pas empêcher le pire d'arriver. J'ai été au côté de mon père quant il rendit son dernier souffle. Je n'ai pas pu le ramener à la vie car je n'ai pas un tel pouvoir. Toi non plus, tu n'en as pas. La vie est faite d'arrivée et de repartir ; de va et de vient. De moments difficiles comme de bons moments et on s'en sortira peu importe ce qui se présentera à nous. Compris ?

Il avait le bec cloué. Il ne pouvait plus faire sortir une miette de phrase. La douleur emmurer en son tréfonds était si énorme qu'on aurait dit un torrent. Dubitative, il croyait en une partie de lui que son vieux était toujours en vie, jusqu'à ce que de ses propres yeux, le vit se baigner dans son sommeil, le visage égayer d'avoir achevé son travail sur la terre.

Ils organisèrent rapidement la cérémonie d'enterrement et vite ils mettent un terme à cela.

Après l'enterrement, Nassif fut nommé à la place de son père. Ce n'était pas une partie de plaisir que de diriger une grande région. C'était du boulot à n'en point finir. Les hors systèmes ne voient que la partie émergente de l'iceberg. Ils n'en savent pas grand-chose. Nassif faisait énormément preuve de sagacité afin de surmonter les énormes tempêtes tout comme les anicroches. Sa femme quant à elle, toujours sous sa houlette, ne manquait de le soutenir du mieux qu'elle pouvait avec ses conseils. Elle était attentive et attentionnée et lui prêtait main forte par tous les moyens qui lui soit présenté en évitant au mieux d'être un godillot.

Quelques années passées, Linda décida d'aller rendre visite à son autre famille, qui la croyait sûrement morte.

-C'est une bonne idée que de leur rendre visite. Jugea Nassif accroché au journal du jour.

-Je pars demain

-Sans problème, tu sais ce qu'il faut y garder. Néanmoins, je ne peux te laisser retourner dans cette région sans protection

-Je n'en doute pas une seconde. Combien de gardes m'assignes-tu cette fois-ci ? Lui demanda Linda

-Une bonne dizaine s'il le faut. Mais tout ça c'est pour ta sécurité. Je ne veux pas que les individus malveillants te fassent du mal.

-Je sais mais il n'y a rien à craindre. Tu n'as fais du mal à personne

-Ne sois en pas si sûre. Il y a toujours des personnes mécontentes peu importe l'effort que fourni les autorités.

-Tu n'as pas à t'en faire. Mais s'il te plait, trois gardes au maximum, ça me va. Et puis je peux toujours me défendre

-Si tu le dis ma guerrière.

Ils se mirent à se chamailler pas comme un vieux couple mais comme deux individus nouvellement énamouré.

Peu après, Linda sortit avec deux de ses servantes pour faire les emplettes à apporter à sa deuxième famille et à quelques proches avec qui elle avait cohabité. Elles achetèrent assez de produits, des fruits, des pagnes de valeurs, des tenues pour adolescent, des vêtements hors de prix, des conserves à des prix à faire fuir, des bijoux et plein d'autres.

Le lendemain très tôt le matin, elle apprêta le repas de ses enfants, leur fait faire leurs toilettes matinales avant de les confier à la charge de la nounou. Elle ordonna ensuite à son conducteur de ranger les affaires dans la malle arrière. Une fois tout embarqué, elle monta s'asseoir, les gardes firent pareil. Un à son côté immédiatement et les deux autres en escorte. Ils passèrent devant son ancien lieu de travail, son bar. Tout était comme autrefois. La porte avait la même peinture mais tout neuf. Ils allèrent au domicile de Toby. Lorsque les gardiens vu l'escorte de voiture se diriger droit vers le portail, ils se mirent en position. Le conducteur arrêta le véhicule à leur niveau. Un billet glissé sous les mains et ils ouvrirent le portail. « Tous pareils les agents de sécurité de ce vieux », se dit Linda après avoir réprimander le chauffeur à cause de son geste modestement insipide. Toby déjà informé par la venue de l'escorte, sortis son pistolet et le pointa sur eux. Linda ordonna de s'arrêter. Lorsque le véhicule s'immobilisa, elle sortit tout doucement. Le garde assis à ses côtés la suivit. Ils avancèrent à petit pas. A chaque pas avancé, Toby baissait peu à peu ses bras qui devenaient mastoc sous l'effet de ce qu'il semblait voir.

-Bonjour patron, dis Linda s'adressant au vieux miteux.

-J'hallucine ou c'est bien la pauvre petite Linda

-Pas une hallucination mais une pure réalité

Ils se jetèrent dans les bras l'un de l'autre comme s'ils étaient de très bons amis. Il l'invita à entrer dans la pièce. Le garde ne quitta pas une seconde des yeux la protégée.

-Je vois qu'il a bien prit soin de toi

-Ah ouais ? Demanda Linda comme pour ne pas répondre affirmativement à son inquiétude

-Bien sûr. Tu brilles de milles feux. On dirait l'éclair du matin

-Oh, vous exagérez patron

-Ah non, je ne suis plus ton patron, depuis le jour que tu as su fourrer ton propre chemin. Je suis juste une connaissance inamicale.

-Peu importe

Ils restèrent discutés longuement. Linda ne cachait pas sa joie de le revoir en vie malgré toute la vieillesse qui se luisait dans son regard. Après l'avoir quitté, ils allèrent dans le petit village.

Tous, petit comme grand exprimaient leurs joies. Elle alla chez maman Jacki qui se donnait la peine de plier les linges de ses enfants. Jacki fit son entré dans la maison en tenant la main de la jeune femme.

-Qui c'est encore Jacki ? Lui cria sa mère

Le petit garçon ne semblait pas écouter les propos de sa mère. Il se résignait à discuter avec l'étrangère. Ils avancèrent jusque sous la véranda où s'affairait la vieille dame.

-Maman c'est moi, avança Linda les yeux embués de larmes.

La dame se leva de son siège et se tenant debout les mains à la hanche se mirent à psalmodier.

-Mensonge, mensonge. Linda n'est sûrement plus. Mensonge, elle est loin maintenant

-La première fois que j'ai mis pieds ici, il faisait nuit. J'ai été accompagné par une dame pour venir faire la domestique. Vous m'aviez accueilli en me défendant de parler non pas avec les signes mais avec les mots. Vous m'aviez ensuite montré là où je devais dormi, une chambrette quand Jacki se mit à pleurer de faim. Vous m'aviez montré la cuisine et m'a demandé de faire du riz avec la sauce. Et c'est ainsi que cela a commencé jusqu'à ce que vous m'acceptiez convenablement dans la famille. Vous m'aviez nourri, donnez un abri, protéger et élever comme l'un des vôtres. Et un jour je vous ais été arrachés par une bande de malfaiteur. Mais j'ai survécu. Je suis là maman

-Linda, je ne croirais pas si l'on me le disait. Tu es vivante

-Oui maman

-En plus, tu pète la grande forme

C'était merveilleux ces retrouvailles. Jacki alla regrouper ses copains pour qu'ils viennent admirer la majesté.

-Dites grande sœur, vous avez des enfants ? Lui demanda Jacki

-Va-t-en d'ici pauvre petit fouineur. Je parle avec elle. Lui houspilla maman Jacki

-Oui Jacki, j'ai deux enfants, Une fille et un garçon.

-C'est chouette, cria-t-il

Les deux dames continuèrent leur discussion lorsque Jacki en courant, alla rejoindre de loin ses amis.

-Je ne savais pas que tu t'es déjà marié ma fille.

-En effet maman

-J'espère qu'il te traite bien

-Evidemment, ne vous inquiétez pas.

Elles discutaient de tout mais Linda évita de déclarer l'identité absolue de son mari. Il a déjà assez de problèmes comme ça, se disait-elle.

Tout à coup, Sabine revenu de son cours de répétition, fis son entré dans la maisonnée. Elle avait son casque placé aux oreilles et rabâchait les paroles de la chanson. Lorsqu'elle vit la silhouette juste assise auprès de sa mère en discussion, elle enleva immédiatement le casque.

-Tata Linda ?

Linda se mit à sourire. Elle projeta à terre le casque et monta rapidement les escaliers.

-Dieu soit loué que tu sois toujours parmi nous. Tout le monde croyait que tu es morte sauf moi. Maman vous voyez je n'avais pas tort de croire en cela. Elle n'est pas morte

-Oui c'est vrai, contrairement à ton casque. Il est tout cassé. Je me demande bien comment tu iras à la répétition.

-Zut, mais peu importe. C'est juste un objet. Il n'est pas si essentiel que ça. L'essentiel ce sont mes propos et ma voix

-Ah ouais, tu dis ça pour te consoler

-C'est formidable que tu t'y es engagé Sabine, chuchota Linda

-J'espère aussi que tu n'as pas abandonné à jouer la guitare, dis la jeune fille

-Et comment ?

-Alors, faisons un duo

Linda était contente de son idée. Sabine alla chercher la vieille guitare dans la chambre d'ami et le rapporta.

-Tiens, il est tout froissé mais je suis sûr qu'il peut toujours faire résonner des sons

Linda le prit et ensemble il répétait sans cesse leur vieille mélodie.

A l'entendement des sons et de la folie de joie qui s'animait chez maman Jacki, les voisines les plus proches sortirent de leur maison.

Elles se dépêchèrent de découvrir le sujet qui faisait tant pétiller le domicile.

Maman Pacôme et son acolyte maman Sandra hâtèrent le pas et entrèrent brusquement dans la maisonnée.

-Kokoko, ici, disent-elles ensemble

-Entrez mes chères. Dieu a fait des merveilles, regardez ma fille Linda

-Attends un peu Jackinon, tu parles de Linda. Linda, la seule qui fut déporté par les caïds ? Questionna maman Sandra

-Oui c'est la seule fille Linda que j'ai, répliqua la vieille dame remplit de sourire.

Elle se mit à glorifier le seigneur pendant que maman Pacôme, les mains à la hanche se mordait les lèvres.

-Qui a-t-il, maman Pacôme ? Lui demanda Sabine, assise à quelques centimètres d'elles, remarquant son exubérance malveillante.

-Dans la vie, le destin reste scellé. Peu importe les détours que le chemin impose, la fin reste toujours la même selon la prédiction divine. Répondit-elle

-Tu es devenu révérende maintenant, la taquina maman Jacki et maman Sandra.

Linda les écoutaient attentivement en ne faisant que sourire.

-Tu es béni Linda. Tu es grandement béni par Dieu

Subitement entra un maigrichon d'hommes, les yeux désorbités et la tête complètement en vrac.

-Que fais-tu ici toi ? Moi j'ai faim et tu restes ici à discuter en copinage. Cria le monsieur

-Papa regarde. C'est la fille dont son excellence nous mettait hors de nous.

-Qui ? Quoi ? Linda ?

-Oui papa Pacôme, c'est elle, répliqua maman Pacôme qui n'en revenait toujours pas

-Jésus, Marie, Joseph, j'hallucine. Ce n'est pas vrai, dis le malinge

-Si, ça l'est, répliqua maman Jacki qui se mit à se poser des questions, le visage dépourvu d'indulgence

Ils exprimaient, papa et maman Pacôme, ouvertement leur état de torpeur.

-J'ai cru entendre que l'excellence d'autrefois de Linda vous mettait hors de vous-mêmes, avança maman Jacki

Ils se regardèrent, honteux d'avoir divulgué une partie de leur secret.

-Allons nous-en, dis papa Pacôme en tirant la main de sa femme.

-Vous n'irez nulle part, fulmina maman Jacki. Je veux des explications, ajouta-t-elle

-Il n'y a rien à expliquer, jugea le maigrichon.

Linda observait la scène sans en mettre sa bouche. Le garde collant n'en mettait non plus son bras là dedans. Il se contentait de rester au côté de sa protégée.

Maman Jacki et les parents Pacôme se disputaient ; l'une à avoir de clarté dans les propos de l'autre qui s'en refusaient d'en dire plus. Ils se disaient des propos intolérables et complètement désorienté. Jacki et ses copains, eux se contentaient de courir partout dans la maisonnée pour jouer au ballon qu'à rapporter Linda. Ils poussaient des cris tumultueux qui dérangeaient le tympan des palabreurs.

-Taisez-vous les nains, cria maman Jacki toute énervée

-Mais maman on joue, dis Pacôme avec plainte

-Tes parents sont des personnes indignes et hypocrites et toi tu restes là à me dire que tu joues

-Mais ça ce n'est pas étrange pour moi. Répliqua le petit

-Sors d'ici Pacôme, lui ordonna son père.

Il arrêta malgré lui à jouer avec ses amis.

-Ce sont eux qui ont fait ramené les brigands à la maison, ce n'est pas moi. Alors pourquoi c'est à moi de payer pour leurs fautes. Dis le gamin en sortant de la concession.

-Quoi ? Cria maman Jacki qui n'en croyait pas ses oreilles

-Ce n'est pas vrai. Ce garçon ne fait que jaser, argumenta son père

-Dites-moi la vérité maman Pacôme, intervint Linda

-Tu sais ma fille, quand tu étais...Commença-t-elle

-Je t'ordonne de te taire, dis son mari

-Il est temps qu'on soit franc. Ne vois-tu pas que malgré notre orgueil et notre égoïsme les portes du bonheur lui ont été ouvertes ?

-Que veux-tu dire ? Questionna maman Jacki

-Lorsque Linda était toujours avec toi dans ce village, elle était adulée par tous. Elle faisait la joie de tout le village. Cela ne nous plaisait pas vraiment mais on s'y adaptait. Lorsqu'elle débuta son commerce et commençait à passer de gloire en gloire, elle faisait échoué mes ventes. Tout le monde préférait acheter chez elle. Même lorsqu'elle se mit à vendre des pagnes et des bijoux, ils appréciaient toujours à en acheter que de prendre mes sandalettes à moi. J'étais ivre de colère et de haine envers elle et sa réputation. Un jour du retour du ravitaillement de mes produits en ville, je me suis promené dans le rayon des malfaiteurs et là je leur ai parlé du gigantesque magasin de pagne de valeur qu'elle détenait, cette petite fille. D'où leur présence ce jour là.

-Donc vous aviez été derrière tout ça

Elle acquiesça de la tête. Papa Pacôme envahi par la nuée de honte fis marche arrière et sortis du domicile.

-Vous êtes un diable, dis maman Jacki qui avec le cintre qu'elle avait en main voulait lui assener un coup à la figure.

-Arrête maman, lança Linda. La longueur de la journée n'empêche pas la nuit de tomber et la colère de la terre n'empêche non plus la pluie de tomber. C'est ainsi que les manigances de cette famille n'ont pas empêché mon destin de réaliser. Ajouta-t-elle. La famine, les coups reçus tous m'ont conduis à la vie que je vis aujourd'hui. J'ai été frappé, surveillé à ne pas s'enfuir, laisser affamé. Aujourd'hui je mange à ma faim, quand je le veux et comme je le veux. Nul ne peut vous ravi votre couronne à moins que cela est écrit. Disait mon défunt père. Chaque moment difficile, chaque défis, chaque décision, bonnes ou mauvaises concourent à aboutir à la fin qui nous a été prévu. S'il m'est été destiné de succomber à toutes les tortures que j'eus vécu, je ne serai pas ici à découvrir la vérité sur l'origine de mes souffrances antérieures.

-Sortez de chez moi bande de crapule. Leur ordonna maman Jacki en leur montrant du doigt la sortie.

Ils sortirent timidement avec une étoffe de honte. Linda se rasseoir et soupir. Sabine ne savait plus quoi prononcer et Jacki semblait très énervé. Ils restèrent tous silencieux un moment.

-Je ne vais pas tarder encore plus. Dis Linda sur le point de se lever.

-Pas question, il faudrait que tu prennes quelque chose. Dieu s'est fait ses choses, j'ai fait ton plat préféré.

Linda ne résista pas à l'offre de son ancienne maîtresse. On lui apporta une grande tasse rempli de sauce gluante avec une glacière de pâte noire.

Elle étala un pagne à terre et s'assit là-dessus.

-Tu vas te salir Linda, dis maman Jacki

-Maman je ne suis ni une étrangère ni une blanche. J'ai toujours mes habitudes. Et vous savez que j'aime manger ce repas vautré à même le sol

-Bien sûr ma fille. Bon appétit.

Elle dégusta son plantureux plat. Le ventre plein, elle se lava les mains et se fit aidé par Jacki qui s'en alla renverser le bol.

Elle chuchota aux oreilles de son garde qui de son téléphone appela le conducteur. Quelques instants après et il entra avec le reste des bagages.

-Tu reviens habité chez nous ? Questionna Jacki avec sourire béat

-Non, ce sont quelques trucs que je vous ais rapportés à vous et à quelques voisins. Répondit-elle

-Des voisins qui représente des os bouché dans ma gorge, apostropha maman Jacki

Linda prit un des pagnes de grande valeur et l'emballa dans un sachet.

-Je vais demander à partir

-Tu t'en vas avec l'une des choses que tu nous as ramenés tata Linda, remarqua Jacki assis à ses pieds

-Non, je veux juste la donner à maman Pacôme

-Quoi ? Tata Linda, ce n'est pas juste. Ces gens là sont indignes. Ils ne méritent pas un présent de votre part, s'enflamma Sabine

-Peu importe Sabine. On ne rend pas le mal par le mal. Et puis un langage dit « soutiens celui qui se déclare ton ennemi, cela l'anéantira »

-Je ne comprends vraiment pas mais tu as raison Linda, répliqua maman Jacki

Elle prit son sac et prit le chemin de la sortie. Ils le raccompagnèrent tous.

-Tu vas nous manquer ma fille, dis maman Jacki au bord des larmes

-Reviens nous voir, s'efforça de dire Sabine déjà submergé par les larmes

Ils se firent des accolades et elle monta au bord de sa voiture après avoir remis le sachet de pagne à Pacôme qui passait dans le repère.

La route était longue et la circulation très dense.

Une fois à la maison elle raconta dans les détails tout ce qui s'était passé.

Nassif admira le courage et la manière dont sa femme avait gérer les situations qui se sont présentés à elle dans sa journée. Il ne se plaignait pas de grand-chose sur Linda car elle avait des qualités qui laissaient sans reproches. Elle faisait subjuguer tout le monde par ces manières, et son salamalec. Ambitieuse et complètement dévouée à la bonne cause de sa famille, elle ne laissait rien l'échapper. Elle s'occupait de ses enfants comme si elle n'avait pas de domestique, faisait ses repas et apprêtait son lit à son goût et à celui de son homme. C'était l'exemple parfait pour tous ceux qui étaient à leur service.

La vie est faite de haut et de bas, de mauvais moment comme de bon moment, il suffit juste de savoir gérer chaque situation et chaque moment avec les moyens qu'il faut. La vie n'est en aucun cas compliquée, quand nous sachons que la seule chose à faire est de vivre.

Vis ta vie, vie, sens, aime, échoue, réussi, tombe, relève-toi. Et par-dessus tout, apprends. Ne cesse jamais d'apprendre car la vie ne cesse de nous enseigner.

D'héros on peut devenir trouillard et de zéro on peut devenir héros. Il suffit juste d'y croire. De poser les bons pions aux bons moments et de savoir cultiver la terre de sa vie dans un environnement suave. Que quiconque ne vous en dissuade. Vous êtes fait pour voir le bout du tunnel. Peu importe le détour que le destin vous impose. L'optimisme est la clé. Telle l'histoire de cette petite fille courageuse, qui, née dans un endroit insaisissable et élevé par un homme solitaire vivant de fruits de brousses, finit dans les coulisses de l'abondance et de la richesse, un endroit où le miel et le vin ne pourrait cesser de couler car les abeilles et les vignerons y résident à l'ombre.

FIN

Printed by Books on Demand GmbH, Norderstedt / Germany